暨南大学成人教育会计本科系列教材编委会

会计学国家级教学团队系列教材

暨南大学成人教育会计本科系列教材

《货币银行学》
学习指导

萧松华 等 主编

暨南大学出版社
JINAN UNIVERSITY PRESS

中国·广州

图书在版编目（CIP）数据

《货币银行学》学习指导/萧松华等主编．—广州：暨南大学出版社，2013.3

（暨南大学成人教育会计本科系列教材）

ISBN 978 - 7 - 5668 - 0507 - 2

Ⅰ. ①货…　Ⅱ. ①萧…　Ⅲ. ①货币银行学—成人高等教育—教材

Ⅳ. ①F820

中国版本图书馆 CIP 数据核字（2013）第 044504 号

出版发行：暨南大学出版社

地　　址：中国广州暨南大学

电　　话：总编室（8620）85221601

营销部（8620）85225284　85228291　85228292（邮购）

传　　真：（8620）85221583（办公室）　85223774（营销部）

邮　　编：510630

网　　址：http：//www. jnupress. com　http：//press. jnu. edu. cn

排　　版：广州市天河星辰文化发展部照排中心

印　　刷：佛山市浩文彩色印刷有限公司

开　　本：787mm×1092mm　1/16

印　　张：11

字　　数：182 千

版　　次：2013 年 3 月第 1 版

印　　次：2013 年 3 月第 1 次

印　　数：1—3000 册

定　　价：25.00 元

总　序

　　会计作为经济信息系统的重要组成部分和一种国际商业语言，将会计主体的财务信息真实、完整、及时地传递给外部财务信息使用者和内部财务信息使用者，并满足这些财务信息使用者决策的需要，其对政府、投资者、债权人、管理者来说是非常重要的。近年来，我国资本市场的诞生、规范和发展，彻底改变了我国企业传统的财务管理理念与方法，企业的投融资管理面临新的环境、方式和方法。财务与会计执业者所面临的各种外部环境（包括经济、政治、法律、文化环境等）发生了深刻变化，在经济全球化和管理信息复杂化的时代，会计人才不仅应具有较系统、完备的有关我国会计与公司理财等方面的知识和技能，而且还必须具备国际视野，全面掌握国际会计准则，懂得国外主要经济体的相关会计法规、国际资本市场运行规律和其他相关知识与技能。在这种背景下，为了满足会计人员不断学习、及时更新知识的需要，暨南大学会计学系、暨南大学教育学院、暨南大学出版社共同筹划了《暨南大学成人教育会计本科系列教材》，邀请暨南大学会计学系在各个学科具有丰富教学经验、有影响力的专家组成教材编写委员会，组织编写该系列教材，力求推出一套"理论与实务并重，本土化与国际化相融合，能够反映当前学科发展前沿水平，符合成人教育会计学本科特点的精品系列教材"。

　　"理论与实务并重"就是要针对会计学是实务性很强的经济管理科学这一特点，研究各成教会计教材所涉及的相关理论、方法及其应用，分析每一本教材的特点、难易程度和导读规律，既要讲清楚理论概念，又要设计必要的实例，通过案例教学，培养学生的实操能力。

　　"本土化与国际化相融合"就是要针对会计准则国际趋同化与财务管理国际市场化等趋势，在教材中充分借鉴国际标准、国外知名企业的先进管理理念和方法，并充分体现中国会计的特色和经验，力争做到本土化与国际化的有机结合。

　　"能够反映当前学科发展前沿水平"是指本系列教材应该在继承现有教材的优点和特色的基础上，吸收当前相关理论和实务操作的最新研究成果和发展动态，补充和修改相关教材体系与内容，其目的是使教材能够更好地适应新的环境变化，满足学生获取更多知识、增强其专业技能的要求。

　　成人教育会计本科系列教材建设是一项长期且十分艰巨的任务，多年来我们为此作了不懈努力。我国经济发展与改革日新月异，环境变化多样且复杂，相关理论和实务操作的研究成果不断涌现，由于我们的水平有限，本系列教材不周之处在所难免，恳请读者批评指正。

暨南大学成人教育会计本科系列教材编审委员会

2011 年 3 月

编者说明

为了帮助学生更好地精读教材，理解和掌握课程的重点和难点，编者特编写本学习指导书，用以与萧松华、陈鹭主编的《货币银行学》配套使用。

本书每章框架结构如下：一是学习目的与要求；二是学习重点与难点；三是内容提示；四是思考题与解答要点；五是综合自测题；六是综合自测题参考答案。为方便学生熟悉考试题型，本书后附录两套模拟试题，供学生模拟考试用。

本书各章编写分工如下：王院民第一、二、七章，付君谦第三、四、十章，张童凌第五、六章，谈龙第八、九章，模拟试题（一）和（二）分别由萧松华、陈鹭提供。全书由萧松华、陈鹭修改，最后由萧松华审核定稿。

由于编者水平有限，书中难免存在不妥之处，恳请专家、同行和读者不吝赐教。

编　者

2012 年 11 月 5 日

目　录

目 录

第一章 货币

【学习目的与要求】

通过本章学习，我们应了解货币的起源、发展历程以及货币的形式及其演变，掌握货币的职能及货币在经济发展中所起的作用，明确货币层次的一般划分及我国货币层次的划分及其意义。

【学习重点与难点】

本章的学习重点是货币的职能及货币制度的类型和演变，学习难点在于理解货币在经济发展中所起的作用及货币层次的划分。

【内容提示】

```
                                    ┌─────────────────┐
                              ┌─────│  产生背景及条件  │
                              │     └─────────────────┘
                    ┌──────────────┐ ┌─────────────────┐
              ┌─────│ 货币的产生与职能 │─│    货币形式     │
              │     └──────────────┘ └─────────────────┘
              │                     ┌─────────────────┐
              │               └─────│   货币的职能    │
              │                     └─────────────────┘
              │     ┌───────────────────────┐
              │ ┌───│  货币制度的形成与演变  │
        ┌────┐│ │   └───────────────────────┘
        │货币│││                    ┌──────────┐        ┌──────────┐
        └────┘│ │              ┌────│ 银本位制 │    ┌───│平行本位制│
              │ │  ┌────────┐  │    └──────────┘    │   └──────────┘
              ├─│ 货币制度 │──┤    ┌──────────┐    │   ┌──────────┐
              │ │  └────────┘  │┌──│ 金银复本位│────┤───│ 双本位制 │
              │ │         ┌────┐│  └──────────┘    │   └──────────┘
              │ └─────────│类型│┤   ┌──────────┐    │   ┌──────────┐
              │           └────┘└──│ 金本位制 │    └───│跛行本位制│
              │                 │   └──────────┘        └──────────┘
              │                 │  ┌─────────────────────┐
              │                 └──│ 不兑现的信用货币制度 │
              │                    └─────────────────────┘
              │     ┌─────────────────┐
              └─────│ 货币定义、货币    │
                    │ 层次及其划分     │
                    └─────────────────┘
```

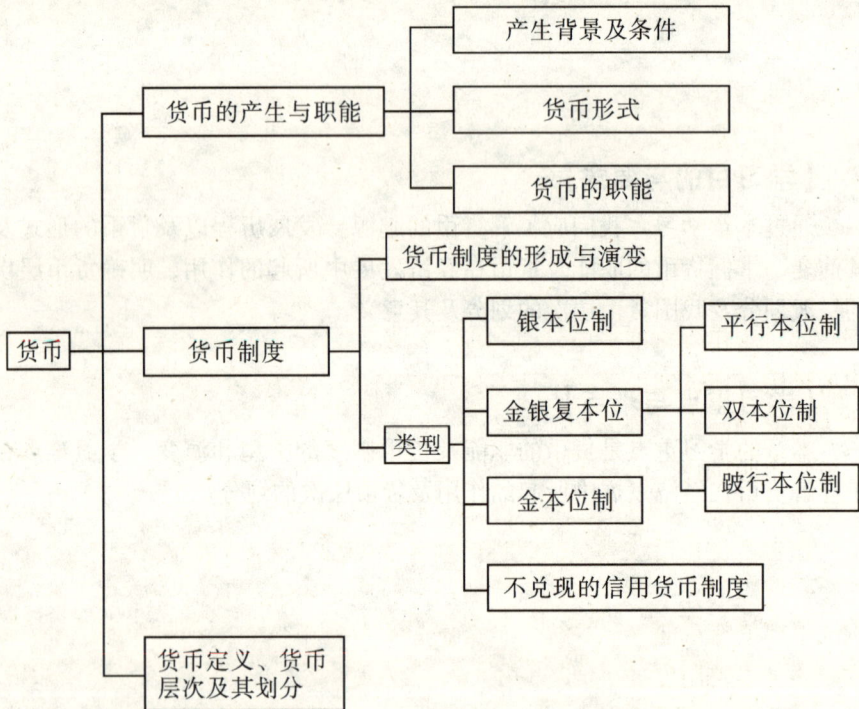

【思考题与解答要点】

1. 简述货币的起源。

答：货币不是从来就有的。它产生于商品交换，伴随着商品交易从低级阶段向高级阶段的发展而产生、发展。交换制度与货币的关系十分密切。没有交换制度的形成和发展，就没有货币的产生。交换制度经历了从直接物物交换的阶段到间接交换的阶段，最后一般等价物在商品交易中产生了。

一般等价物本身并不是货币，而只是货币的萌芽。但是当一般等价物的作用固定在某一种商品上时，货币形式就出现了，而固定充当一般等价物的特殊商品则成了货币。以货币为媒介的间接交换，交换成本低，效率高，促进了商品经济的发展。

2. 为什么说"价值尺度与流通手段的统一是货币"？

答：价值尺度指货币作为尺度被用以表现和衡量其他商品的价值。执行价值尺度职能的货币可以是观念上的货币。流通手段是指货币在商品交换中充当交换媒介的职能。充当流通手段的货币必须是现实的货币。价值尺度和流通手段是货币的基本职能。商品价值要表现出来，需要一个共同的、一般的价值尺度；商品要实际转化为与自己价值相等的另一种商品，则需要有一个社会公认的媒介。当两个要求由某种商品来满足时，该商品就取得充当货币的资格。所以，马克思说"价值手段与流通手段的统一是货币"。

3. 什么是货币制度？它主要包括哪些基本内容？

答：货币制度即货币本位制度，简称币制，是一个国家以法律形式确定的该国货币流通的结构、体系和组织形式。在现代社会，货币制度已经成为国家经济建设中的一项重要内容。

货币制度包括的基本内容有：

（1）确定本位货币金属。

确定本位货币金属是建立货币制度的基础。因此，货币制度的建立首先要确定以何种金属作为本位币的币材。确定不同的本位货币金属就可以构成不同的货币制度，如确定黄金作为本位货币的金属材料，那么货币制度就是金本位制度。

（2）确定货币单位。

货币币材确定以后，就需要确定货币单位，也就是价格标准。货币单位的确定包括两个方面的内容：①确定货币单位的名称；②确定每一个货币单位所包含的货币金属重量。

（3）确定本位币和辅币的铸造、发行和流通程序。

本位币（Standard Money），又称主币，是一国的基本通货，也是一国计价、结算的唯一合法的货币。本位币的最小规格是一个货币单位。

辅币（Fractional Currency），全称为"辅助货币"，是指主币以下小面额的通货。由于本位币的最小规格是一个货币单位，而商品价格和劳务付费有时达不到一个货币单位，因此，除了本位币，国家还铸造辅币，用于日常找零及提供零星交易。

（4）确定金准备制度。

金准备制度是指作为金准备的黄金必须集中于中央银行或国库。金准备制度是货币制度的重要内容之一，也是一国货币稳定的必要条件。

4. 我国现行的货币制度是怎样的？

答：我国现行的货币制度是人民币货币制度。

人民币货币制度的主要内容是：第一，人民币是我国的法定货币；第二，人民币元是本位货币；第三，人民币是信用货币。

5. 你是如何看待电子货币的？你对未来货币形式的演变有何看法？

答：（1）电子货币又称网络货币，主要有实物形态的银行卡和网上电子货币两种。不过，就目前来看，银行卡已在人们的生活中得到了更普遍的应用。对于客户来说，银行卡的使用免去了对现金的保管、清点、携带和寄送之劳，利用银行卡付款、提现、存款、转账，方便快捷并安全高效，而且可以获得咨询和资金融通的便利。①通过电子货币系统，银行卡作为现金与非现金存款的中介，可以促使两者相互转化，这主要表现在利用银行卡在自动柜员机上存款和取现。存入现金，使现金向存款转化；提取现金，使存款向现金转化。②电子货币可按照客户指令在不同账户间实现转账划拨，这种利用电子脉冲信号完成的转账结算，不仅方便快捷，而且安全可靠，也节约了银行的劳动力。③当使用银行卡购物时，交易过程实际是"一手交货，一手交钱"，这种便捷的购物活动无异于使用现金购物。新一代智能卡的这种特性表现得更为突出，它省去了验证、授权等环节，利用卡上的储值自动减值付款，其流通手段得到充分的发挥。

（2）电子货币作为一种占主导地位的支付手段的前提条件是网上商业活动成为社会的主流商业模式。这个前提条件尚不充分具备时，电子货币只能作为一种辅助性的支付手段。但是这个条件在 IP 网络革命的推动下正日益成熟，电子货币完全取代纸币的崭新的货币时代即将来临，任何人在任何时间、任何地点都能交易的梦想将会实现，人类的交易活动也将揭开新的篇章。电子货币使用率会随着网络的发展而提高，其重要性也越来越大。同时，提高电子货币的安全性问题也越来越受到重视。

6. 什么是货币层次划分？我国货币层次划分的标准和内容是怎样的？

答：货币层次是指根据不同的货币定义和各种信用工具与流动资产不同程度的货币性对货币所作的层次分析。

我国货币层次划分的标准也主要是信用工具的流动性或货币性。我国目前的货币层次如下：

$M_0 = $ 流通中现金

$M_1 = M_0 + $ 活期存款

　　$M_2 = M_1 +$ 准货币（企业单位定期存款＋城乡居民储蓄存款＋证券公司的客户保证金存款＋其他存款）

　　另外，随着金融体制改革的进一步深入和社会经济生活的进一步发展，对货币层次的划分会不断地为适应新形势而发生变化。

　　7. 什么是价值尺度？它与价格标准的关系如何？

　　答：价值尺度是指货币体现商品的价值并衡量商品价值量的功能，它是货币最基本、最重要的职能之一。货币之所以能够衡量其他一切商品的价值，是因为货币本身也是商品，具有价值。

　　价格标准就是包含一定贵金属重量的货币计量单位及其等分。

　　价格标准是从货币执行价值尺度职能的需要中派生出来的。它是为货币准确地执行价值尺度职能而做的一种技术性规定，货币执行价值尺度职能是通过价格标准来实现的。

　　8. 货币执行交换媒介职能时有哪些特点？

　　答：货币执行交换媒介职能时有如下特点：第一，货币必须是现实的货币，货币作为交换媒介，要体现"一手交钱，一手交货"的等价交换原则，因此使用的必须是具体和现实中的货币；第二，货币可以是不足值的货币，因而可以用价值符号来代替。这是因为货币作为交换媒介，不断地从一个商品所有者手中转移到另一个商品所有者手中，货币在商品所有者手中只是一个转瞬即逝的东西，人们关心的只是货币能否换回与自己交换出去的商品等值的商品，而货币本身是什么或者是否足值并不重要。

　　9. 与作为交换媒介相比，货币执行支付手段职能时有哪些特点？

　　答：货币在执行支付手段职能时有两个特点：第一，必须是现实的货币，这与货币在执行交换媒介职能时一样；第二，它是价值的单方面转移，这与货币作为交换媒介时的职能不同。货币作为支付手段时，经济行为的发生与货币支付在时间和空间上都是分离的，这时是价值的单方面转移。若两者同时发生，这时是价值对等的转移，货币便成为交换媒介。因此，价值转移形式的不同，是货币充当交换媒介还是支付手段的主要区别。

　　10. 随着商品经济的发展，货币的贮藏作用有哪些进展？

　　答：当货币由于各种原因退出流通界，被持有者当作独立的价值形态和社会财富的绝对化身而保存起来时，货币就停止流通，同时发挥贮藏手段职能。

　　随着商品经济的发展，货币贮藏除了作为社会财富的绝对化身外，其作用得到进一步加强，具体表现在：

（1）作为交换媒介准备金的贮藏。即商品生产经营者为了保持再生产的连续性，为了能够在不卖商品的时候也能购买商品，就必须在平时只卖不买，并贮藏货币。

（2）作为支付手段准备金的贮藏。即为了履行在某一时期支付货币的义务，必须事前积累货币。

（3）作为世界货币准备金的贮藏。即为平衡国际贸易和其他收支差额而使用。

11. 为什么说金银复本位制是一种不稳定的货币制度？

答：金银复本位制是一种不稳定的、过渡性的货币制度。其原因在于货币按其本性来说具有独占性和排他性，法律承认金、银同时作为货币金属是与货币的这一本性相矛盾的。一方面，两种货币同时作为本位货币，必然导致一种商品形成两种价格，这两种价格又要随金、银市场比价的变动而变动；另一方面，国家用法律规定金、银比价，使金、银比价不受市场影响，但是这一规定又与价值规律的自发作用发生矛盾，从而出现"劣币驱逐良币规律"。

12. 典型的金本位制具有哪些特点？它在历史上对资本主义的发展起了什么作用？为什么？

答：典型的金本位制的特点是：首先，金币可以自由铸造、自由熔化，使金币数量能自发地满足流通中的货币需求，也使金币的币值与其所含的黄金的实际价值保持一致；其次，由于价值符号能随时兑换金币，所以，它们能稳定地代表一定数量的黄金进行流通，从而不至于使流通中出现通货贬值现象，保证了货币价值和价格的相对稳定；再次，黄金可以自由输出和输入国境。各国货币单位之间按其所含黄金重量而有一定的比价，同时黄金又可在各国之间自由转移，这就保证了世界市场的统一和外汇行市的相对稳定。

正是由于金本位制具有相对稳定性，因此它对于资本主义的发展起了很大的促进作用：

首先，金本位制促进了资本主义生产的发展。资本主义是高度发展的商品经济，商品经济的发展需要稳定的货币流通。在金本位制下，货币流通量有自发的调节机制，币值和物价相对稳定。这就便于企业能较精确地核算成本、价格和利润，从而为促进生产发展创造了有利条件。

其次，金本位制促进了信用制度的发展。金币币值稳定使债权、债务不会受到通货贬值的影响，从而保证了信用制度的发展。

最后，金本位制促进了国际贸易的发展。顺畅的国际贸易必须要以稳定的汇率为条件。而在国际金本位制度条件下，各国货币的汇率是由各国货币的含金量（铸币平价）决定的，铸币平价的相对稳定就决定了各国货币汇率的相对稳定，从而促进了国际贸易的发展。

13. 为什么说金块本位制和金汇兑本位制是残缺不全的金本位制？

答：金块本位制和金汇兑本位制是残缺不全的金本位制。在这两种本位制下，交易过程都没有金币流通，黄金失去交换媒介和支付手段的职能，其在货币流通中的自发调节作用也就不存在了，币制缺乏稳定基础。

14. 不兑现的信用货币制度具有哪些特点？

答：不兑现的信用货币制度的特点是：

第一，黄金非货币化。流通中的现金，或者称为通货，是中央银行发行的钞票与硬币。黄金退出国内流通领域，不作为国内本位币和各国货币兑换的基础，而仅作为弥补国际收支逆差的最后清偿手段。

第二，货币供给的信用化。中央银行的货币发行通过信贷程序进行，并且非现金周转的广泛发展使银行的支票账户存款成为以法定货币单位为价格标准的信用货币。随着信用制度的高度发展和电子计算机在银行业务中的广泛运用，非现金周转的使用范围进一步扩大，现金流通则逐渐被挤压在很狭小的范围内。

第三，货币的多样化。货币与信用交织在一起，各种票据和其他信用流通工具都在一定程度上作为流通手段和支付手段的替代物，这使货币形式的多样化成为现实。与货币形式的多样化伴随而来的是货币供给渠道的多元化，这使得商业银行及其他金融机构甚至公众，都能够对货币供应量产生影响。

【综合自测题】

（一）判断题

1. 物物交换必须满足两个基本条件：需求的双重巧合和时间的双重巧合。　　　　　　　　　　　　　　　　　　　　　（　　）

2. 货币流通次数与货币量呈正相关关系。　　　　　　（　　）

3. 格雷欣法则成立的前提条件是双本位制。　　　　　（　　）

4. 信用货币不能兑换成金属货币。 （　　）

5. 货币作为交换媒介可以不是现实中的货币。 （　　）

6. 在金属货币制度下，辅币可以自由铸造与自由熔化。 （　　）

7. 货币执行交换媒介职能时一定是足值的货币。 （　　）

8. 历史上最早出现的货币制度是金本位制。 （　　）

9. 辅币的实际价值一般小于其名义价值。 （　　）

10. 现在世界各国普遍以金融工具的盈利性大小作为划分货币层次的主要依据。 （　　）

11. 由于我国的辅币是有限法偿的，所以辅币不能用于纳税。 （　　）

（二）单项选择题

1. A 公司以延期付款方式销售给商场 B 一批商品，则商场 B 到期偿还欠款时，货币执行_____职能。

    A. 支付手段　　　　　　　　B. 交换媒介

    C. 购买手段　　　　　　　　D. 贮藏手段

2. 金银复本位制包括三种货币制度，其中金、银两种货币按国家法定比价流通的本位制度是_____。

    A. 跛行本位制　　　　　　　B. 平行本位制

    C. 双本位制　　　　　　　　D. 汇兑本位制

3. 当价值形式发展到一般价值形式时，等价物被称为_____。

    A. 个别等价物　　　　　　　B. 货币

    C. 一般等价物　　　　　　　D. 特殊等价物

4. 货币在发挥_____职能时，可以用观念上的货币。

    A. 支付手段　　　　　　　　B. 交换媒介

    C. 贮藏手段　　　　　　　　D. 价值尺度

5. 纸币产生的可能性包含在货币的_____职能中。

    A. 价值尺度　　　　　　　　B. 交换媒介

    C. 贮藏手段　　　　　　　　D. 支付手段

6. 金本位制崩溃的根本原因是_____。

    A. 经济危机　　　　　　　　B. 第一次世界大战

    C. 黄金储备不足且分布不平衡　D. 纸币的产生

7. 以金币为本位币，但并不铸造和流通金币，银行券只能兑换金块的货币制度是_____。

  A. 金本位制　　　　　　　B. 信用货币制度

  C. 金汇兑本位制　　　　　D. 金块本位制

8. 信用货币的产生源于货币的_____职能。

  A. 世界货币　　　　　　　B. 贮藏手段

  C. 支付手段　　　　　　　D. 价值尺度

9. 国家根据_____来划分不同层次的货币供给量。

  A. 金融工具的盈利性　　　B. 金融工具的流动性

  C. 金融工具的安全性　　　D. 金融工具的种类

10. 货币制度在_____开始建立。

  A. 原始社会　　　　　　　B. 社会主义社会

  C. 奴隶社会　　　　　　　D. 资本主义社会

11. 曾充当过实物货币的是_____。

  A. 金币　　　　　　　　　B. 银行券

  C. 银币　　　　　　　　　D. 牲畜、贝壳、羽毛

12. 作为交换媒介职能的货币必须是_____。

  A. 观念上的货币　　　　　B. 现实中的货币

  C. 信用货币　　　　　　　D. 价值符号

（三）多项选择题

1. 货币制度的基本内容包括_____。

  A. 货币材料　　　　　　　B. 货币单位

  C. 货币的铸造、发行和管理　D. 货币的支付能力

2. 不兑现信用货币制度的基本特点主要包括_____。

  A. 通货是中央银行发行的纸币

  B. 纸币不与金银保持等价关系

  C. 货币是通过信用程序发行的

  D. 纸币具有无限法偿能力

3. 金本位制的内容有_____。

  A. 以黄金为币材

  B. 金币可以自由铸造与自由熔化

  C. 银币可以自由铸造与自由熔化

  D. 价值符号可以自由兑现金币

4. 货币的基本职能包括_____。

A. 价值尺度   B. 交换媒介

C. 贮藏手段   D. 支付手段

5. 代用货币是_____。

     A. 纸质货币

     B. 不可兑换成金属货币的货币

     C. 可随时兑换成金属货币的货币

     D. 只能由国家发行的货币

6. 信用货币是_____。

     A. 可兑换成金属货币的货币

     B. 不可兑换成金属货币的货币

     C. 金属货币

     D. 债务型货币

7. 货币形式的演化经历了_____等阶段。

     A. 实物货币   B. 金属货币

     C. 代用货币   D. 信用货币

8. 主币具有_____性质。

     A. 自由铸造   B. 自由熔化

     C. 超差兑换   D. 有限法偿

9. 金银复本位制包括_____。

     A. 银本位制   B. 平行本位制

     C. 双本位制   D. 跛行本位制

10. 担当货币的物体必须具备的条件或特征有_____。

     A. 经久耐用性

     B. 普遍接受性和便于携带性

     C. 价值稳定性

     D. 价值统一性、可分割性和标准性

11. 信用货币的主要形式有_____。

     A. 商业票据   B. 电子货币

     C. 银行券   D. 支票

12. 我国现有的准货币包括_____。

     A. 定期存款   B. 储蓄存款

     C. 现金   D. 证券公司的客户保证金存款

13. 纸币的主要特点是_____。

A. 它本身没有价值

B. 它是货币符号

C. 它需要强制流通

D. 它具有与其他商品相交换的能力

（四）简答题

1. 货币贮藏主要采取的形式有哪几种？执行贮藏手段职能的货币有哪些特点？

2. 货币在经济中的作用是什么？

3. 信用货币产生的原因及特征是什么？

4. 什么是无限法偿与有限法偿？

5. 货币与普通商品有何共性与区别？

6. 简述"劣币驱逐良币规律"的基本内容。

7. 货币制度经历过哪些类型？这些类型各有什么特点？

第二章　信用和利息率

【学习目的与要求】

通过本章学习，我们应了解信用及其主要形式，掌握利率的计算及其作用，明确利率的决定因素及利率的风险结构与期限结构。

【学习重点与难点】

本章学习重点是利率的计算及其作用，学习难点在于对利率的风险结构与期限结构的理解。

【内容提示】

```
                    ┌─ 定义
                    │
          ┌─ 信用 ──┤           ┌─ 商业信用
          │         │           │
          │         └─ 主要形式 ─┼─ 银行信用
          │                     │
          │                     ├─ 国家信用
  信用和利息率                   │
          │                     ├─ 消费信用
          │                     │
          │                     └─ 股份公司信用
          │
          │                  ┌─ 利率与利息的计算
          │                  │
          ├─ 利率及其作用 ────┼─ 利率的种类
          │                  │
          │                  └─ 利率的作用与弹性
          │
          │               ┌─ 马克思关于利率的决定因素的观点
          │               │
          └─ 利率的决定 ───┼─ 现代经济中影响利率的因素
                          │
                          └─ 利率的风险结构和期限结构
```

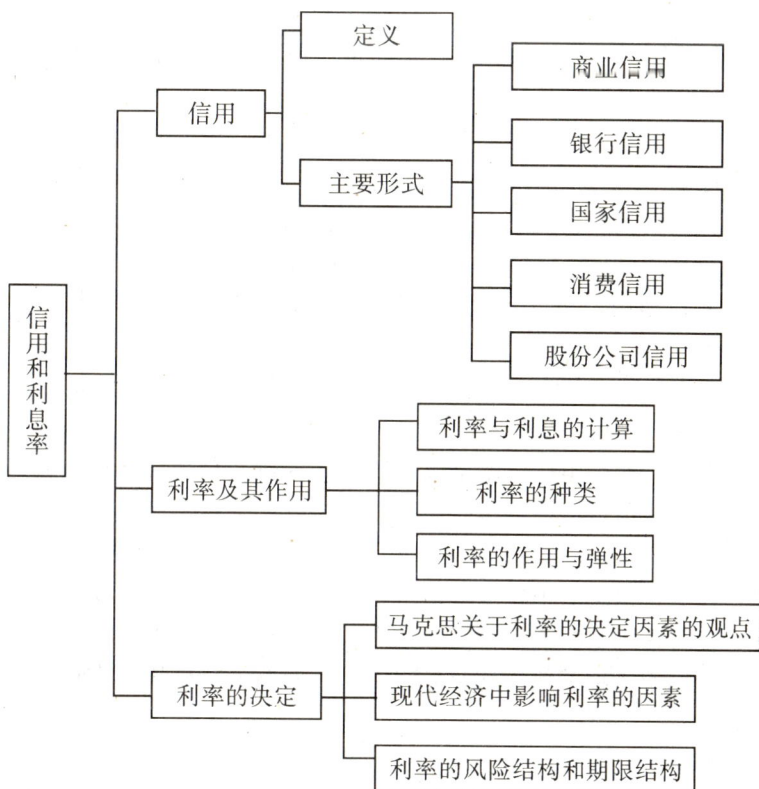

【思考题与解答要点】

1. 什么是信用及其本质特征?

答:信用作为一个经济范畴,是指借贷行为,是一种以偿还和付息为条件的借贷行为,体现一定的债权债务关系。

信用的本质特征是偿还和付息,即以收回为条件的付出,或以归还为义务的取得。贷者贷出,是因为有权取得利息;借者能够借入,是因为承担了支付利息的义务。

13

2. 现实经济中的信用有哪些表现形式？它们各自有何特点？

答：根据借贷主体的不同，信用可分为商业信用、银行信用、国家信用、消费信用、股份公司信用等几种基本的形式。

（1）商业信用就是工商企业之间在出售商品时，以延期付款或预先交付货款的形式所提供的信用，也就是通常所说的商品赊销、赊购或预购行为。商业信用的工具是商业票据，其主要特点有：

第一，从形式上看，它主要以商品形态提供信用，但它的活动同时包含着两种性质不同的经济行为——买卖和借贷。

第二，其债权人和债务人都是工商企业。

第三，其供求与经济周期的波动基本一致。

（2）银行信用是银行及其他金融机构以货币形式提供的信用。其特点有：

第一，银行信用的规模巨大，其规模不受金融机构自有资本的限制。

第二，银行信用的借贷双方，一方是金融机构，另一方是从事经营活动的工商企业，而且银行信用是以货币形式提供的信用。因此，银行等金融机构可以把货币资本提供给任何一个有需要的部门和企业，这就克服了商业信用在方向上的限制。

第三，银行信用的主要工具是银行券，而银行家的信用要远远大于工商企业，使得这种票据能代替商业票据；且随着银行业务的发展，它已被更广泛地运用于各种其他贷款业务之中，从而使银行信用具有更普遍的接受性。

（3）国家信用是国家以债务人的身份筹集资金的借贷形式。其主要特点是：

第一，国家信用的借贷双方，一方是债务人政府，另一方是债权人，包括本国和外国的全体向政府提供信用的人。

第二，国家信用的实现形式主要是发行国家债券，包括短期国库券和长期公债券；其次是向中央银行短期借款。

第三，中长期债券一般用于弥补财政预算赤字，提供基础设施、公用事业建设等非生产性支出，军费支出以及福利支出等。短期国库券一般用来调剂财政年度内暂时性的收支不平衡，也是中央银行操作公开市场业务买卖的主要对象。

（4）消费信用是工商企业和金融机构向消费者提供的，用以满足其消费方面的货币需求的信用。现在消费信用的方式多种多样，主要有赊销、分期付款和消费贷款等。其主要特点是：第一，每笔授信额度小；第二，信用状况、偿债能力调查工作量大；第三，消费信用风险具有特殊性。

（5）股份公司信用是指股份公司以发行股票和债券的方式直接从金融市场筹集资金的一种信用形式。它具有长期性、稳定性、较大风险性的特征。

3. 长期借贷使用固定利率计息好吗？

答：不好。由于近几十年来通货膨胀日益普遍并且越来越严重，市场利率的变化趋势难以预测，债权人或债务人都可能要承担利率变化的风险，尤其是会给进行长期放款的债权人带来更大的损失。因此，使用浮动利率比较好，可以减少损失。

4. 相同期限的债券为什么具有不同的收益率？

答：这可以用利率的风险结构解释。利率的风险结构是指具有相同期限的债券不同利率水平之间的关系，反映了债券所承担的信用风险的大小对其收益率的影响。由于期限相同的各种债券有着不同的违约风险、流动性、税收和信息成本等，所以其收益率会有所不同。

5. 为什么美国国库券的利率低于大面额可转让银行存单的利率？

答：这是因为其风险结构不同。美国国库券的风险小，违约风险几乎为零。而大面额可转让银行存单有一定的风险，其风险比国库券的风险大，从而风险补偿也较大，所以国库券的利率小于大面额可转让银行存单的利率。

6. 利率为什么能成为当代经济中重要的调节杠杆？其影响大小主要取决于什么？

答：利息是利润的一部分，利息率的高低直接决定着利润在货币所有者和货币使用者之间的分配比例，利息率越高，货币所有者得到的利润越多，企业收入就越少。从微观角度看，利率直接影响个人收入在消费与储蓄之间的分配比例和企业的经营管理与投资等；从宏观角度看，利率影响货币的需求与供给、市场总供求、物价水平、国民收入分配结构、汇率与资本的流动等，从而影响整个经济发展与就业水平。因此，它是市场经济中非常重要的经济杠杆。其影响大小主要取决于储蓄的利率弹性和投资的利率弹性。

7. 在马克思的利率理论中，利率的决定因素是什么？现代经济中决定利率的因素有哪些变化？

答：（1）在马克思的利率理论中，决定和影响利率的因素主要有：

①平均利润率。利息是平均利润的一部分，因此，平均利润率是决定利息率的基本因素。马克思提出，"利息是由利润来调节的，确切地说，是由一般利润率来调节的"；"不管怎样，必须把平均利润率看成是利息的有最后决定作用的最高界限"。但利息也不可能为零，因此，利率只能在平均利润率和零之间变动。

②供求和竞争。在利润率一定的情况下，以产业资本家为一方的借者和以货币资本家为一方的贷者之间的竞争决定着利息率的高低。但是，这种竞争是由借贷资本的供给和需求决定的。借贷资本的供给大于需求，利率下降，借者可以支付较少的利息；借贷资本的需求大于供给，利率上升，贷者可以获得更多的利润。因此，利率的决定具有很大的偶然性。

③社会再生产状况。马克思极其深刻地指出："在物质资本的供给和货币资本的供给之间，有一种看不见的联系；同样毫无疑问，产业资本家对货币资本家的需求是由实际生产情况决定的。"这就是说，社会再生产状况决定着借贷资本的供求，因而是影响利息的决定性因素。

（2）在现代经济中，马克思揭示的决定和影响利率变化的上述三个基本因素依然适用，但因为货币本位制度、汇率制度、外部经济环境等方面的情况都已发生了很大的变化，故利率的决定因素要更为复杂，下列因素会在其中起重要作用。

①物价水平。在现代纸币流通的条件下，利率与物价有着非常密切的联系。这是因为，物价上涨了，人们持有的货币就会贬值；物价下跌了，人们持有的货币就会升值。当物价上涨率高于名义利率时，负利率就出现了。这时，存款者所取得的利息还不能弥补本金的贬值，他们的货币不仅没有增值反而遭受了损失，他们就会要求在利率上得到补偿，从而引起利率水平的变动。可见，物价变动必然影响利率变动，利率与物价具有同向变动的趋势。

②国家经济政策。在现代经济中，世界各国政府都根据本国经济发展状况和经济政策目标，通过中央银行制定的利息率调节资金供求、经济结构和经济发展速度，利息率成为国家调节经济活动的重要经济杠杆。因而利息率不能不受国家经济政策的影响，国家经济政策成为影响利息率的一个重要因素。

③国际利率水平。现代经济的一个重要特点是世界各国之间的经济联系越来越密切，商品、技术、资金等越来越多地在世界范围内流动。商品买卖和资金流动越具有国际性，国际利率水平对国内利率的影响就越大。

国际利率水平对国内利率的影响是通过资金在国际间的流动实现的。在资本自由流动的条件下，当国内利率水平高于国际利率水平时，外国货币资本就会向国内流动，在改善国际收支状况的同时，也改变了货币市场上资金的供求状况。反之，当国内利率水平低于国际利率水平时，外国资本和本国资本都会流出，同样也会改变货币市场上资金的供求状况，从而引起国内利率水平的变动。

此外，在一国的经济非常时期或在经济不发达的国家中，利率管制也是直接影响利率水平的重要因素。最后，国际协议、习惯和法律传统等都可能影响利率水平。

【综合自测题】

（一）判断题

1. 私有财产的出现是借贷行为发生的前提条件。 （ ）
2. 消费信用的工具是商业票据。 （ ）
3. 在商业信用中，提供信用的过程就是买卖的过程。 （ ）
4. 利息率是货币资本的价格。 （ ）
5. 在发行国债时，政府是债权人，企业与个人是债务人。 （ ）
6. 一般情况下，基准利率的变动会引起其他利率的变动。 （ ）
7. 如果一个项目的 NPV 大于 0，则其不被采纳，反之则被采纳。

（ ）
8. 中央银行操作公开市场买卖的主要对象是中长期债券。 （ ）
9. 按复利计算利息可减轻借款者的利息负担。 （ ）
10. 除基准利率之外的其他利率统称为金融市场利率。 （ ）
11. 利息率不但可以影响利润率，而且还能影响企业的收入。 （ ）
12. 利率提高时，储蓄增加的替代效应一定大于储蓄减少的收入效应。

（ ）
13. 有违约风险的债券总是具有正值的风险升水，且其风险升水将随着违约风险的增加而增加。 （ ）
14. 利率的风险结构是指具有相同风险的债券不同利率水平之间的关系。 （ ）
15. 浮动利率比较适用于长期借贷或市场利率多变的借贷关系。

（ ）

（二）单项选择题

1. 商业信用是企业之间由于_____而相互提供的信用。
    A. 生产联系   B. 产品调剂
    C. 商品交易   D. 物质交换

2. 在银行信用中，银行充当的角色是_____。
    A. 债权人非债务人   B. 债务人非债权人
    C. 债权人兼债务人   D. 既非债权人也非债务人

3. 下列属于间接融资的有_____。
    A. 商业信用   B. 通过金融机构融资
    C. 发行债券   D. 发行股票

4. 在资本主义产生以前，信用主要以_____形式表现出来。
    A. 生息资本   B. 信贷资本
    C. 借贷资本   D. 高利贷资本

5. 现代信用体系的主体是_____。
    A. 银行信用   B. 商业信用
    C. 国家信用   D. 消费信用

6. 利息率的合理区间是_____。
    A. 小于零   B. 大于零
    C. 高于平均利润率   D. 大于零小于平均利润率

7. 在物价上涨的条件下，要保持实际利率不变，应把名义利率_____。
    A. 保持不变   B. 与实际利率对应
    C. 调高   D. 调低

8. 一家股份公司通过发行股票筹集资本，这种筹资方式属于_____。
    A. 消费信用   B. 国家信用
    C. 银行信用   D. 股份公司信用

9. 由政府金融管理部门或者中央银行确定的利率是_____。
    A. 公定利率   B. 官定利率
    C. 名义利率   D. 市场利率

10. 期限相同的债券利率之间的关系是_____。
    A. 利率风险结构   B. 利率的期限结构
    C. 利率的信用结构   D. 利率的补偿结构

11. 某企业获得银行贷款 1 000 万元，年利率 5%，期限为三年，按年计息复利计算，则到期后该企业应偿还银行的本息共为_____ 元。

    A. 1 157. 625 万   B. 1 150 万

    C. 1 158. 6 万   D. 1 157. 375 万

12. 某企业获得银行贷款 1 000 万元，年利率 5%，期限为三年，按年计息单利计算，则到期后该企业应偿还银行的本息共为_____元。

    A. 1 157. 625 万   B. 1 150 万

    C. 1 158. 6 万   D. 1 157. 375 万

13. 根据预期理论，当人们预期未来的短期证券收益率将下降时，长期证券的收益率曲线是_____。

    A. 向上倾斜   B. 平坦

    C. 水平   D. 向下倾斜

14. 当长期证券与短期证券之间出现了_____时，它们之间就存在着相互替代的关系。

    A. 流动性风险溢价

    B. 长期证券利率高于短期利率正值

    C. 长期利率高于短期利率平均值，再加上流动性风险溢价

    D. 违约风险溢价

15. 目前中国的利率以_____为主。

    A. 市场利率   B. 公定利率

    C. 固定利率   D. 官定利率

（三）多项选择题

1. 下列属于直接融资的有_____。

    A. 商业信用   B. 发行股票

    C. 发行债券   D. 通过金融机构融资

2. 衡量国家债务规模的指标有_____。

    A. 公债数量   B. 负债负担率

    C. 公债依存度   D. 公债偿债率

3. 根据是否按市场规律自由变动，利率可分为_____。

    A. 市场利率   B. 公定利率   C. 固定利率   D. 官定利率

4. 消费信用主要有下列形式_____。

    A. 信用卡   B. 赊销商品   C. 分期付款   D. 消费贷款

5. 影响利率风险结构的基本因素有_____。

    A. 违约风险   B. 流动性   C. 变现成本   D. 税收因素

6. 决定和影响利息率的因素有_____。

    A. 平均利润率   B. 国际利率水平

    C. 商业周期   D. 通货膨胀状况

7. 下列说法正确的有_____。

    A. 各种期限债券的利率往往是同向波动的

    B. 长期债券的利率往往高于短期债券的利率

    C. 长期回报率曲线也会偶尔出现向下倾斜的情况

    D. 各种期限债券的利率往往是反向波动的

8. 根据利率在借贷期内是否调整，利率可分为_____。

    A. 固定利率   B. 长期利率   C. 短期利率   D. 浮动利率

9. 根据信用行为期限的长短，利率可分为_____。

    A. 市场利率   B. 长期利率   C. 浮动利率   D. 短期利率

10. 利息的计算方法有_____。

    A. 单利法   B. 终值法   C. 复利法   D. 现值法

11. 决定利率水平的因素有_____。

    A. 物价水平   B. 均衡利率

    C. 国家经济政策   D. 国际利率水平

12. 影响利率风险结构的因素有_____。

    A. 违约风险   B. 预期利率

    C. 税收因素   D. 债券的流动性

13. 利率的期限结构理论有_____。

    A. 预期理论   B. 偏好理论

    C. 市场分割理论   D. 税收理论

14. 利率对风险的补偿，即风险溢价可以分解为多个项目，其中包括_____。

    A. 需要予以补偿的通货膨胀风险

    B. 需要予以补偿的违约风险

    C. 需要予以补偿的流动性风险

    D. 需要予以补偿的偿还期风险

15. 影响投资变动的基本因素有_____。

    A. 利率   B. 预期利率   C. 预期利润率   D. 净现值

（四）简答题

1. 在市场经济中，为什么普遍存在债权债务现象？
2. 商业信用有哪些局限性？
3. 消费信用有哪些积极作用与消极作用？
4. 银行信用有哪些特点？银行信用能完全取代商业信用吗？为什么？
5. 为什么较长期的利率一般高于较短期的利率？
6. 从不同的角度划分，利率可以分成哪几类？
7. 为什么相同期限的债券具有不同的收益率？

（五）计算题

1. 某贷款的名义利率为 12%，同期通胀率为 4%，试计算近似的与精确的实际利率。

2. 某债券的面值为 100 元，年利率为 8%，期限为 3 年，试分别用单利和复利计算到期的本利和。

第三章　金融市场

【学习目的与要求】

通过本章学习，我们必须理解金融市场的概念及其功能，金融工具的概念、特征及其种类，货币市场、资本市场与其基本构成等基本知识。

【学习重点与难点】

本章的学习重点是金融市场的功能，直接融资及间接融资的比较；金融工具的特征，原生金融工具与衍生金融工具的常见种类；货币市场与资本市场的重要性；承兑、贴现及其计算；证券转让价格及其影响因素；同业拆借、国库券市场、回购、公募、私募、代销、包销、证券信用评级、证券交易所、场外交易、股票价格指数等基本概念。

【内容提示】

```
                              ┌─ 金融市场要素与结构
              金融市场及其功能 ─┤
              │                └─ 金融市场的功能与效率
              │
              │          ┌─ 金融工具的概念与特征
              │   金融工具 ─┤
              │          │                  ┌─ 原生工具
              │          └─ 金融工具的种类 ─┤
              │                             └─ 衍生工具
   金融市场 ─┤
              │          ┌─ 货币市场概念和特点
              │          │                      ┌─ 票据市场
              │   货币市场 ─┤                    ├─ 同业拆借市场
              │          │                      ├─ 国库券市场
              │          └─ 货币市场体系 ──────┤
              │                                 ├─ CD市场
              │                                 └─ 回购市场
              │
              │          ┌─ 资本市场概念与特点
              └─ 资本市场 ─┤
                         │                      ┌─ 证券发行市场
                         └─ 资本市场体系 ──────┤
                                                └─ 证券流通市场
```

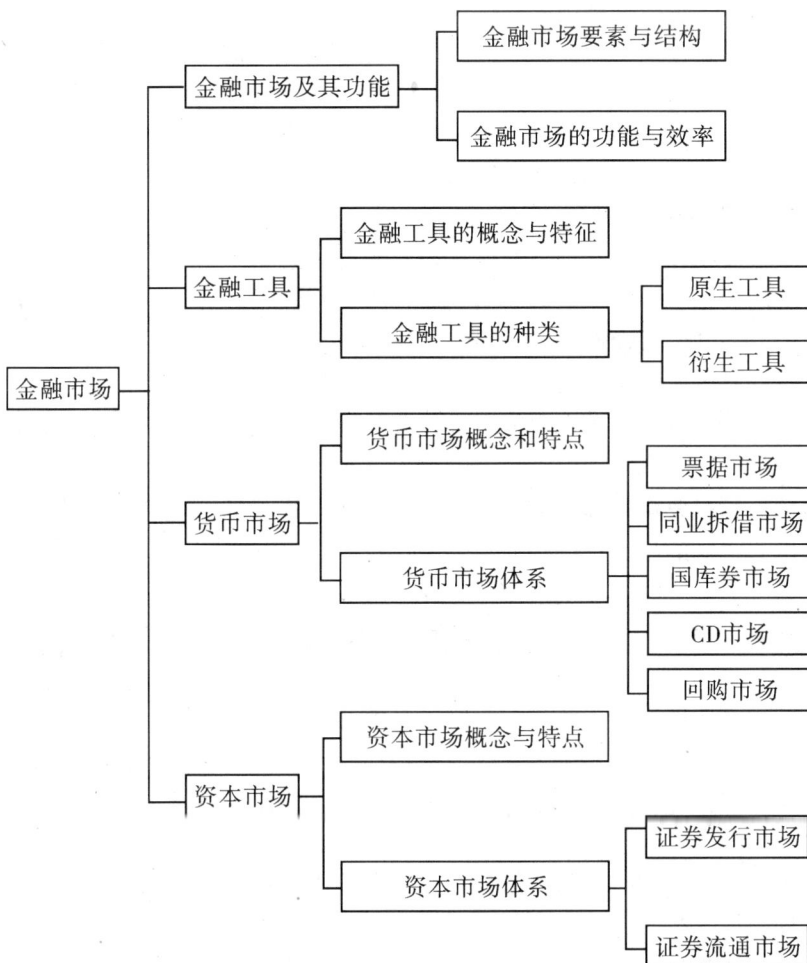

【思考题与解答要点】

1. 你是愿意以 3.5% 的利率把资金存入银行的储蓄账户，还是愿意以 10% 的利率将此款项贷给你的邻居，为什么？

答：我会选择存入银行的储蓄账户。因为银行及其他金融机构以货币形式吸收存款和发放贷款，作为社会分工下的专业信用中介，其拥有更高的信用度。首先，银行最基本的业务是通过存贷来获利，保证自身信用是经营的前提条件。其次，银行为了自身发展，也会自觉加强对资产负债的管理。存入银行虽获利不高，但是有足够的安全保障。

民间信贷多指个人之间以货币或实物形式所提供的直接信贷，往往受到由经济实力、个人信誉、借贷手续不严、缺乏法律知识而引起纠纷等的制约。因此，民间借贷虽然贷款利率很高，但因风险大、灵活性也不及银行存款，而并不为人们所看好。

2. 股票与债券有什么异同？

答：股票是一种有价证券。它是股份有限公司公开发行的，用以证明投资者的股东身份和权益，并据以获得股息和红利的凭证。它具有不可偿还性、收益性、流动性、风险性和参与性等基本特征。

债券是政府、金融机构、工商企业等机构直接向社会筹措资金时，向投资者发行，承诺按一定利率支付利息并按约定条件偿还本金的债权债务凭证。

债券与股票都是筹资工具，具有流动性、收益性、风险性等共性，但两者由于自身的特点，也存在着很大的差别。这主要表现在：

第一，发行主体的范围不同。债券的发行主体范围非常广，包括政府、社会团体机构、一般的公司和企业，而股票则只能由股份制企业发行。

第二，所反映的关系不同。债券表示的是持有人与发行人之间的债权债务关系，债权人无权参与公司经营管理，唯一的权利就是按期索回本息。而股票持有者，即股东，是公司的主人，与公司管理层是委托—代理关系。

第三，偿还期限不同。债券一般都有明确的偿还期限，而股票则没有偿还期限。

第四，收益风险程度不同。债券一般在票面上标明固定的利率，收益率稳定。而股票对于收益没有任何的承诺，收益率会随时间的不同而时高时低。

第五，会计处理不同。债券的利息可以计入公司的成本，而股票的红利不能计入成本，并被看作利润的一部分，应计入企业的所得税项目。

3. 哪些公司最可能通过银行而不是发行债券和股票来为其活动融资？为什么？

答：选择通过银行而不是发行债券和股票来为其活动融资的主要是一些规模较小的公司，它们因为受到法规限制，更由于在信息不对称的情况下严重的"逆向选择"和"道德风险"等问题导致交易成本过高而无法直接进入金融市场融资，因而需要通过银行间接融资。

4. 为什么各国都要大力发展金融市场？

答：因为在现代市场经济体系中，金融市场作为其中一个不可或缺的组成部分，以它不同于其他市场的独特功能，不仅充当了经济运行的润滑剂，而且还成为控制、调节和促进经济发展的有效机制，在整个经济生活中起着聚集和分配资金，确定合理价格，转换、分散资金期限和转移风险以及信息聚集的作用。

5. 你认为中国目前的股票市场为上市公司和投资者带来了什么好处？

答：一方面，中国企业可以通过资本市场发行长期证券而把分散在社会上的闲置资金集中起来，形成巨额的可供长期使用的资本，用于支持社会化大生产和大规模经营，加速资本集中，实现储蓄向投资的转化。同时，通过从外部对企业施以压力，股东可以实现资金的良性运作。资金最终总是流向那些效益好的公司，企业通过资本市场实行兼并收购，促进产业结构的优化。另一方面，资本市场也提供了分散风险的途径，企业、公司通过资本市场工具将其经营风险部分地转移和分散给投资者，实现了风险的社会化，投资者在承担风险的同时也可以从风险中获得收益。

6. 金融衍生工具是如何产生的？你认为金融衍生工具的前景如何？

答：金融衍生工具是在一定的客观背景、一系列因素的促动下产生的。20世纪70年代的固定汇率制——布雷顿森林体系的崩溃是刺激金融衍生工具产生的直接动因。自浮动汇率制实施后，汇率变动不居，使得防范汇率风险成为必要；同时，以自由竞争和金融自由化为基调的金融创新浪潮席卷了整个西方世界，发达国家纷纷放宽或取消了对利率的管制，放松了对金融机构及其业务的限制。汇率、利率的频繁波动使得金融市场的参与者时时刻刻生活在价格变动之中，他们迫切需要规避市场风险，而运用原生工具本身来规避汇率、利率风险却是力所不能及的。

从目前全球经济的发展趋势来看，一方面，各国的汇率、利率仍将波动起伏，金融市场仍存在利率风险与汇率风险，故衍生工具的外部生存环境仍存在；另一方面，国际金融业的竞争也日趋激烈，迫使金融机构不断创造新的衍生工具来满足客户的特殊需要，以便在市场竞争中取得优势，衍生工具的内在发展动力仍存在。再加上计算机信息处理技术的不断更新，在技术上保障了衍生工具的创新，所以，衍生工具有着广阔的发展前景。

7. 金融市场有哪些功能？

答：金融市场的功能主要有：

第一，聚集和分配资金的功能。在金融市场中，资金供给方用闲置资金购买金融工具，既保持了资金较高的流动性，又能为其带来收益；而资金需求方则可以根据自身经营状况有选择地在金融市场上筹措各种资金，降低筹资成本，提高筹资效益。

各类市场主体通过直接和间接的融资方式，以金融市场为媒介，减少了信息不对称，节约了交易成本，使资金流向最需要的地方，从而实现资金的合理配置。

第二，价格确定功能。金融工具在交易中均有着不同于面值的价格。这个交易或转让的价格就是金融市场上的金融工具持有者与投资者买与卖这两种行为相互作用的结果。这种定价是否合理、是否能引导资源有效配置与市场的完善程度和效率有关。

第三，资金期限转换功能。金融市场通过股票、长期债券等长期投资工具可以将公众手中的短期资金转化为长期资金；同时，也可以通过在二级市场上出售长期证券，将之转化为现金或短期证券等高流动性的资金。从而既可以满足人们的资金流动性要求，又可以为生产发展提供足够的资金。

第四，分散与转移风险功能。由于金融市场中有各种在收益、风险及流动性方面存在差异的金融工具可供选择，投资者很容易采用各种证券组合的方式来分散非系统性风险，从而提高投资的安全性和盈利性。同时，金融市场为长期资金提供了流动的机会，为投资者和筹资者进行对冲交易、期货交易、套期保值提供了便利，使他们可以利用金融市场来转移和规避系统性风险。

第五，信息聚集功能。金融市场是一个经济信息集聚中心，是一国金融形势的"晴雨表"。首先，金融市场能够为资金供求双方提供信息。其次，金融市场为企业提供信息。公众对各产业、各行业的发展前景的预期可以从证券市场上行情的涨跌中略见一斑。再次，金融市场交易能直接或间接地反映出国家货币供应量的变动趋势。

8. 有效市场理论的主要内容是什么？

答：1965 年，美国芝加哥大学教授法玛（E. Fama）根据金融市场的有关信息定义了三种不同程度的市场效率。

（1）弱型效率（Weak Efficiency）是证券市场效率的最低程度。它是指所有过去的价格或收益的信息已经充分地反映在现有的证券价格上了，因此，任何投资者都不可能通过使用任何方法来分析这些历史信息以获取超额收益。

（2）半强型效率（Semi - strong Efficiency）是证券市场效率的中等程度。它是指所有公开可获得的信息（包括企业公布的盈利报告或投资专业机构公开、发表的资料以及其他一切与股票估价有关的信息）已经反映在证券的价格上了，任何投资者都不可能按基于公开可获得的信息建立的交易规则而获取超额收益。

（3）强型效率（Strong Efficiency）是证券市场效率的最高程度。它是指有关证券的所有相关信息，包括公开发表的资料和内部信息，已经反映在证券价格上了，没有投资者能利用任何信息获取反常的经济利润。

9. 从分红权利的角度看，可以将股票分为哪两类？这两类股票的股东享有的权利分别有哪些？

答：从分红权利的角度看，可将股票划分为普通股与优先股。

普通股（Common Stock）是指在公司的经营管理和盈利财产的分配上享有普通权利的股份，在满足所有债权偿付要求及优先股股东的收益权与求偿权之后，对企业盈利和剩余财产有索取权。它构成公司资本的基础，是股票的一种基本形式，也是发行量最大、最为重要的股票。

其股东享有以下权利：

（1）公司决策参与权。股东有权参与股东大会，有表决权和选举权。

（2）利润分配权。普通股的股息不固定，由公司盈利状况及其分配政策决定。普通股股东必须在优先股股东取得固定股息之后才有权享受股息分配权。

（3）优先认股权。如果公司需要扩大规模而增发普通股股票时，现存的普通股股东有权按其持股比例，以低于市价的某一特定价格优先购买一定数量的新发行股票，从而保持其对企业所有权的原有比例。

（4）剩余资产分配权。当公司面临破产或清算时，若公司的资产在偿还欠债后还有剩余，其剩余部分按先偿付优先股股东、后普通股股东的顺序分配。

优先股（Preferred Stock）是指在筹集资金时，能给予投资者某些优先权的股票。优先股有事先确定的固定股息，没有选举权、被选举权和投票权，其优先权主要表现在利润和剩余财产的分配上。

10. 同业拆借市场的参与者有哪些？请分别阐述。

答：现代同业拆借市场参与者相当广泛，众多的市场参与者发挥其自身职能，一起构筑合理的市场结构，维持着同业拆借市场正常、有序地运行。具体来说，同业拆借市场的参与者主要包括以下三类：

（1）资金需求者。在同业拆借市场上，资金需求者主要是大商业银行，非银行金融机构也涉足此市场。

（2）资金供给者。同业拆借市场上的资金供给者主要是有闲置超额储备的金融机构，包括大商业银行、地方性中小银行及非银行金融机构等。

（3）市场中介人。当拆入方与拆出方彼此了解时，双方便可以直接协商成交，而不需中介机构介入。这种成交方式交易成本低，成交迅速，拆借利率的弹性也较大。但当拆入方与拆出方彼此不了解时，则需要中介人。同业拆借市场的中介人可以分为两类：一类是专门从事拆借市场及其他货币市场子市场中介业务的专业经纪商；另一类是非专门从事拆借市场中介业务的兼营经纪商，其大多数由商业银行担当。

【综合自测题】

（一）判断题

1. 金融市场的交易工具指的是作为债权债务关系载体的各类金融工具，并不包括票据。　　　　　　　　　　　　　　　　　　　（　　）

2. 一级市场用于交易新发行的证券，是资金的横向转移交易；二级市场是资金在证券投资者之间的纵向转移。　　　　　　　　　（　　）

3. 二级市场通常会影响一级市场证券的发行额度和发行价格。（　　）

4. 逆向选择和道德风险存在于直接融资中，利用间接融资可以消除这两种风险。　　　　　　　　　　　　　　　　　　　　　（　　）

5. 欧式期权只允许期权持有者在到期日当天行使期权。　（　　）

6. 优先股拥有投票权、选举权和被选举权，普通股没有选举权但拥有投票权。　　　　　　　　　　　　　　　　　　　　　　　（　　）

7. 货币市场是一种长期资金市场，是指对一年或者一年以上的证券或贷款进行交易的场所。　　　　　　　　　　　　　　　　　（　　）

8. 国库券是一种广受人们推崇的投资工具，原因是它的流动性很强且

收益巨大。 （ ）

9. 代销是证券发行的一种主要方式，在这种发行方式中，承销商不承担任何风险，因此佣金很低。 （ ）

10. 标准普尔的债券评级级别标准和穆迪债券评级级别标准分别用 AAA 和 Aaa 表示债券评级的最高等级。 （ ）

（二）单项选择题

1. 在以下各种金融工具当中，属于原生金融工具的是_____。
   A. 远期
   B. 金融期货
   C. LIBOR
   D. 汇票

2. _____中的信用中介承担的风险大于_____中的代理中介所承担的风险。
   A. 直接融资、间接融资
   C. 股票市场、货币市场
   B. 间接融资、直接融资
   D. 商业银行、中央银行

3. 商业汇票经过_____可以流通转让。
   A. 承兑
   B. 贴现
   C. 背书
   D. 贴水

4. _____交易是非对称性的风险收益机制，不同于_____。_____允许买方履约，也允许买方违约。
   A. 期货、期权、期货
   B. 期权、期货、期货
   C. 期货、期权、期权
   D. 期权、期货、期权

5. 同业拆借市场上的资金供给者不包括_____。
   A. 商业银行
   B. 地方性银行
   C. 非银行金融机构
   D. 投资银行

6. 下列关于票据特征的说法不正确的是_____。
   A. 它是一种有价证券
   B. 商业票据一经确立，票据关系人的权利义务随之确立
   C. 商业票据在运动过程中，如要式具备，票据债务人可以进行有条件支付
   D. 商业票据债权人在受领给付时，必须将票据交还债务人，使票据关系消除

7. 下列关于股票的特性说法有误的是_____。
   A. 可偿还性
   B. 收益性
   C. 流动性
   D. 风险性

8. 将债券按照发行主体进行分类，正确的是_____。

A. 外国债券　　　　　　　　B. 国内债券

C. 抵押债券　　　　　　　　D. 金融债券

9. 在同业拆借市场中，各个金融机构是以_____为拆借目的的。

A. 规避风险　　　　　　　　B. 弥补长期资金短缺

C. 长期收益　　　　　　　　D. 弥补短期资金需要

10. 下列关于我国目前股票类型说法有误的是_____。

A. H股指的是注册地在内地、上市地在香港的外资股

B. B股是以外币标明面值，以外币认购和买卖，在境内证券交易所上市交易的股票

C. A股是人民币普通股票，它由中国境内的公司发行，供境内机构、组织或个人（不含台、港、澳投资者）以人民币认购和交易的普通股股票

D. N股是指注册地在内地、上市地在纽约的外资股

（三）多项选择题

1. 金融市场依照融资期限可以划分为_____。

A. 一级市场　　B. 货币市场　　C. 资本市场

D. 二级市场　　E. 二板市场

2. 直接融资的好处在于_____。

A. 扩大资金的活动范围　　　　B. 通过利益机制诱导资金流动

C. 推动资金合理配置　　　　　D. 加速资本积累的杠杆作用

E. 有助于减少信息成本与合约成本

3. 下列以间接融资为主的国家是_____。

A. 日本　　　　B. 美国　　　　C. 法国

D. 新西兰　　　E. 英国

4. 下列属于股票公募发行方式的有_____。

A. 代销　　　　B. 承销　　　　C. 包销

D. 助销　　　　E. 内部配股

5. 场外交易市场的特征包括_____。

A. 场外交易具有分散性

B. 场外交易买卖的证券大多是已经上市的证券

C. 场外交易风险较大

D. 场外交易必须满足证券监管当局规定的上市标准

E. 交易双方可以直接进行交易

6. 下列不属于我国股价指数的有_____。

A. 上证综合指数   B. 上证 180 指数

C. 上证 100 指数   D. 深证 300 指数

E. B 股指数

7. 在国库券流通市场上，市场的参与者包括_____。

A. 商业银行   B. 中央银行

C. 证券交易商   D. 个人投资者

E. 企业

8. 下列关于债券的描述正确的有_____。

A. 国债因有国家信用作担保，通常被视为"无风险债券"

B. 发行金融债券的金融机构一般资金实力雄厚，资信度高

C. 公司债券多采用固定利率，半年付息一次

D. 债券表示的是持有人与发行人之间的债权债务关系，债权人有权参与公司经营管理

E. 贴现债券的发行价格与票面价值的差价即为贴现债券的利息

9. 下列属于间接融资的是_____。

A. 小明从当地银行申请到 15 000 元的抵押贷款

B. 信用社借款 50 万元给农机公司

C. 小红从小花处借来 9 000 元

D. 购买一定份额的共同基金

E. 小刚的爸爸购买了 1 000 股建设银行的股票

10. 下列属于 CD 特点的是_____。

A. 面额较小

B. 可以相互转让

C. 期限最短只有 14 天，最长可以达到一年

D. 利率较一般存款利率略高，但低于同期国库券利率

E. CD 和存单一样是不记名的

（四）简答题

1. 试比较直接融资和间接融资的不同。

2. 金融市场的有效性是如何体现出来的？

3. 如何理解货币市场的重要性？

4. 阐述金融衍生工具的潜在风险。

5. 金融市场的含义是什么？其基本要素有哪些？

（五）计算题

1. 某企业持有 3 个月后到期的一年期汇票，面额为 1 000 元，银行确认该票据的贴现率为 5%，则贴现金额是多少？

2. 有一投资者以 970 元的价格购买了一张 60 天到期、面值为 1 000 元的国库券，请问国库券发行时的贴现率是多少？投资者的实际收益率是多少？

3. 有面额为 100 元的国库券，期限为 90 天，采用的报价（年贴现率）为 15%，其发行价格为多少？

4. 某企业持有半年后到期的一年期汇票，面额为 2 500 元，银行确定该票据的贴现率为 8%，则贴现金额是多少？

第四章　金融机构体系

【学习目的与要求】

通过本章学习，我们必须明确金融机构及其体系的构成以及金融中介产生和发展的原因，掌握各种金融机构的特征和业务以及银行并购及其动因、特征，了解我国金融机构体系的构成与变革。

【学习重点与难点】

本章学习重点是金融机构及其体系的构成，各种金融机构的特征和业务以及我国金融机构体系的构成与变革，学习难点是金融中介产生和发展的原因和银行并购及其动因。

【内容提示】

```
                                    ┌─────────────────────────┐
                          ┌─────────┤      金融机构的概念        │
                          │         ├─────────────────────────┤
              金融机构体系概述 ─────┤   金融中介产生和发展的原因    │
                          │         ├─────────────────────────┤
                          └─────────┤      金融体系的构成        │
                                    └─────────────────────────┘

                                    ┌─────────────┐
                          ┌─────────┤   中央银行    │
                          │         ├─────────────┤
                          │         │   商业银行    │
              银行金融中介 ───────┤  ├─────────────┤
                          │         │   专业银行    │
                          │         ├─────────────┤
                          └─────────┤  政策性银行   │
  金融                              └─────────────┘
  机构
  体系                              ┌─────────────┐
                          ┌─────────┤   保险公司    │
                          │         ├─────────────┤
                          │         │   投资银行    │
                          │         ├─────────────┤
                          │         │  信用合作社   │
              非银行金融中介 ──────┤  ├─────────────┤
                          │         │  信托投资公司  │
                          │         ├─────────────┤
                          │         │   金融公司    │
                          │         ├─────────────┤
                          └─────────┤   投资公司    │
                                    └─────────────┘

                                    ┌───────────────────────┐
                          ┌─────────┤  西方金融机构经营范围的变化  │
                          │         ├───────────────────────┤
          中外金融机构的变革及其趋势 ─┤  金融机构之间的并购浪潮     │
                          │         ├───────────────────────┤
                          └─────────┤ 中国金融机构体系的变革与趋势 │
                                    └───────────────────────┘
```

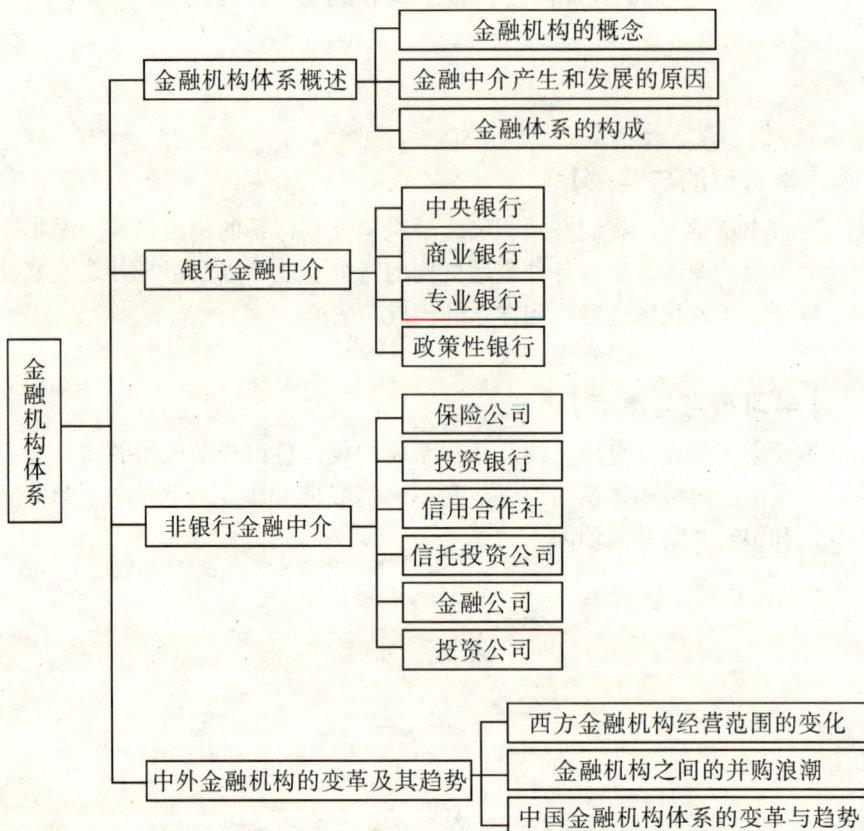

【思考题与解答要点】

1. 金融机构能为社会公众提供哪些金融服务? 金融机构体系通常由哪些金融机构构成?

答: 金融机构能为公众提供的服务包括: ①在市场上通过多种方式把获得的闲置资金变为自己的负债, 改变并构建不同种类的更易接受的资产以满足市场上的各种资金需求; ②代理客户进行金融资产交易; ③金融资产自营交易; ④协助客户开发金融资产, 并将其销售给金融市场中的其他参与者；⑤为其他市场参与者提供投资建议，并为其进行资产组合管理。

金融机构体系通常由主要服务于间接金融领域的金融中介即金融媒介体和主要服务于直接金融领域的普通中介构成。

金融中介主要是为资金余缺双方进行金融交易的媒介体，它又可分成银行金融中介和非银行金融中介。银行金融中介包括中央银行、商业银行、专业银行和政策性银行。非银行金融中介包括保险公司、投资银行、信用社、信托投资公司、财务公司和基金公司等。

服务于直接金融领域的普通中介是为筹资者和投资者双方牵线搭桥的媒介体，包括证券公司、证券经纪人和证券交易所等。

2. 什么是专业银行？它可分为哪几类？

答：专业银行是指定有专门经营范围和提供专门性金融服务的银行，这类银行一般都有其特定的客户，并具有某一方面的专门知识和专门职能。专业银行主要分为储蓄银行、合作银行、抵押银行三类。

3. 为什么自20世纪90年代以来，银行并购会形成一股浪潮？其结果如何？

答：在20世纪80年代，金融业的发展进入了一个新时期。在金融自由化浪潮的冲击之下，金融创新层出不穷，金融监管逐步放松，各种金融机构之间的业务的相互交叉与渗透不断加剧。

社会经济需要金融服务一体化的内在要求使得银行和非银行金融机构纷纷以各种金融工具与交易方式创新来减少法律的限制，涉足对方的业务领域，金融机构的业务范围发生了巨大变化，混业经营的时代已经来临。各主要发达国家的金融机构突破原有的专业化业务分工，并走上综合经营多种金融业务的道路，即实行混业经营。同时自20世纪70年代布雷顿森林体系崩溃之后，国际货币格局发生了巨大的变化。金融市场的动荡以及国际金融中衍生工具的剧增，使得各国金融机构经营风险日益增大，其间的竞争也愈演愈烈。通过并购也许能解决这些问题，因而银行并购此起彼伏。

20世纪末掀起的银行并购浪潮有以下特点：

（1）从并购的目标来看，是以银行为主体的多元化并购。为了拓展业务领域以增加其收入来源、扩大生存空间以及提高自身的竞争力，商业银行除了合并、收购和兼并其他的商业银行之外，还对证券、保险、投资、信托等金融机构展开并购。

（2）从并购的形式来看，是由收购向合并发展。20世纪80年代以前，银行业的并购形式以收购为主，以扩张资产规模、增加营业网点为目的，以大银行收购小银行为手段。而进入 90 年代以后，银行并购进入合并的阶段。

（3）从并购的目的来看，是以获取控制权及新技术从而增加收益、提高国际竞争力为主。新的经济和金融环境要求银行业必须不断增强竞争实力，并大规模涉足新的市场。近年来，银行并购的目的不是为了追求短期效益，而是为即将来临的 21 世纪的全球竞争做战略准备。

（4）从并购的规模来看，是强强合并而组成超级银行。一般认为，银行具有规模递增性质，规模巨大的银行可以降低运营成本，提高效率，并且能增强银行的抗风险能力。在当今金融风险日益加大的情况下，银行合并的步伐更是越来越快。

（5）从并购的区域来看，是以美国银行为中心的辐射。

（6）从并购的联系来看，银行业并购与工业并购相互促进。在欧美国家，由于公司与银行之间历来关系密切，企业兼并自然会波及银行。另外，随着兼并企业的增加，银行必须考虑扩大规模，以满足大公司、大客户的要求。工业资本与银行资本融合成长是经济运行的规律，工业资本的扩展必然要求银行资本相应增长，经济的每次跃升都是在两者相互制约、彼此依存的前提下进行的。

（7）从并购的结果来看，是银行大型化、综合化和产融结合。这次并购浪潮最直接的结果有二：一是大银行之间的强强联合扩大了现有银行的实力规模，形成了美国银行史上罕见的"超级银行"；二是大银行的合并解除了 20 世纪 30 年代美国经济大萧条以来对银行业实行的不得同时兼营保险、经纪和证券业务的禁令。

4. 请说明政策性银行与商业银行的区别。

答：政策性银行是由政府投资设立的、根据政府的决策和意向专门从事政策性金融业务的银行。在组织方式上，它主要由政府控制，是非盈利性的，其融资准则也是非商业性的，业务领域较具专业性。政策性银行一般不接受活期存款，其资金来源多为政府供给和在国内外金融市场筹集的长期稳定资金，不实行存款准备金制度，资金运用多为中长期贷款和资本投放。

而商业银行是依法接受活期存款，并主要为工商企业和其他客户提供贷款以及从事短期投资的金融中介。其主体功能是引导资金从盈余单位流向赤字单位。商业银行在整个金融系统中具有举足轻重的地位，它能以派生存款的形式创造货币和收缩货币，这也是商业银行的主要特征。政策性银行一般不具备信用创造和支付中介功能，所以，能否创造信用是政策性银行和商业银行在职能上的最大差别。

5. 保险公司的特点和分类是怎样的？

答：保险公司具有五个特点。①保险公司办理的保险业务是在社会经济互助原则下建立起来的一种经济补偿制度，通过保险可以使少数人的损失由多数人来共同分摊。②保险业务计算的基础是概率论，因此，保险分摊补偿的方法是科学合理的。③保险的补偿是通过集合多数经济单位共同筹集资金、建立集中的保险基金来实现的。④保险关系一般是通过投保人与保险人在自愿原则下签订保险合同来实行的，保险合同受国家法律保护。⑤保险公司是经济法人，是实行独立经营的经济实体。保险公司按照保险的标的不同可分为寿险公司、财产和灾难保险公司两大类。

6. 近年来投资银行面临的竞争与挑战对其产生了什么影响？

答：近年来，由于一些自动交易系统的出现，许多机构投资者不再需要经纪人和交易商就能自行进行交易，此技术正在严重地威胁着投资银行的销售和交易收入。这样，公司发行人可以直接向机构投资者发行新债，投资银行的承销收入就会减少很多。另外，投资银行面临的竞争还来自于结构日趋复杂的公司，他们也设立机构参与这些传统上由投资银行开展的业务。投资银行原本的利益得不到保障，同时由于混业经营已成趋势，投资银行面临的竞争与挑战将日益激烈，严重地威胁着投资银行自身的生存与发展。因经营范围过宽、金融衍生产品创新过度、业务结构过于集中在高风险的衍生品领域、杠杆率过高、参与主体欺诈、不诚信的行为方式盛行及监管制度缺陷等，许多投资银行面临着破产和被兼并的困境。

7. 请说明信用合作社的特点和主要业务。

答：按照地域的不同，信用社可分为农村信用社和城市信用社。

（1）农村信用社作为农村集体金融组织，其特点集中体现在由农民入股、由社员民主管理、主要为入股社员服务三个方面。其主要业务活动是经营农村个人储蓄以及农户与个体经济户的存款、贷款和结算等。

（2）城市信用社作为城市集体金融组织，它是为城市集体企业、个体工商户以及城市居民服务的金融企业，其特点是实行独立核算、自主经营、自负盈亏、民主管理。在中国，城市信用社的经营业务有：办理城市集体企业和个体工商户的存、放、汇业务；办理城市个人储蓄存款业务；代办保险和其他代收代付业务以及中国人民银行批准的其他业务等。

西方发达国家的很多信用社还提供24小时自动或电话柜员服务、旅行支票、融资计划服务、退休储蓄、信用卡、住房产权与第一抵押贷款和汇款等业务。

8. 试述投资公司的分类，并说明各类的特点。

答：投资公司一般可分为三类，开放型基金、封闭型基金和单位信托投资公司。

（1）开放型基金通常被称为共同或互助基金，它们随时向公众卖出新股，并根据股东的要求以每日市场收盘时的每股净资产的公允股价为交易价赎回发行在外的股份。

（2）与互助基金不同，封闭型基金向其他公司出售股份，但通常不赎回它们的股份。封闭型基金的股份既可以进行有组织的交易，也可在场外交易。封闭型基金的一个特征是投资者必须承担承销基金股份发行的巨大成本。

（3）与封闭型基金相同，单位信托在单位投资凭证的数目是固定的。单位信托一般投资于债券。

9. 简述投资银行的特征和业务。

答：投资银行（Investment Bank）是专门从事发行长期融资证券业务的非银行金融机构。从总体上来看，现代投资银行具有明显的适应性、多样性、专业性、集中性、创新性和国际性的特征。

（1）经营策略具有市场灵活性。投资银行业具有极强的获利传统和生存能力，其组织结构灵活、经营决策迅速、决策实施快捷，一旦金融市场上某些部类业务盈利下降，它们马上就会转向其他活跃部类的业务并得以继续生存。

（2）技术具有高度的专业性。由于投资银行的业务是面向公司、政府等大客户所在的批发市场，它们往往需要"量体裁衣"、"特色服务"。因此，现代化的投资银行，特别是大型的投资银行，在业务多样化、交叉化发展的同时，也各有所长，向专业化方向发展。

（3）机构发展具有集中性。"二战"后，随着经济和金融的复苏和成长、各大财团的竞争与合作，金融资本越来越集中。在这一过程中，投资银行也呈现出向集中化发展的明显特点。

（4）业务具有多样性与创新性。现代投资银行除了经营传统的业务，即代理发行证券业务、经销证券业务和经纪业务之外，还开展了公司理财业务、资金管理和投资咨询业务等。投资银行业是一个勇于创新的行业。

从主观上来说，这是由投资银行为了增强其竞争能力、扩大其利润来源的目的所决定的；从客观上来说，由于投资银行内部汇集了大量熟悉金融市场和金融业务、拥有丰富的信息资源并具有创新精神的专家，他们成了推动整个投资银行业不断创新发展的先锋。

（5）活动范围具有国际性。由于国际证券市场的蓬勃发展、资本在国际间的自由流动、现代科技与通讯技术的广泛应用以及国际性金融工具和金融业务的创新，发达国家的投资银行纷纷进行了经营战略的调整。它们通过建立国际网络组织进行跨国经营，或者通过和其他国家及银行组成某种形式的联合来扩大其经营规模，以增强其竞争能力。

10. 简述投资银行的主要业务。

投资银行的主要业务可分为负债业务和资产业务两种。

投资银行的负债业务主要是发行自己的股票和债券。此外，投资银行还利用短期借款进行证券融资，短期借款的基本手段是回购协议。回购协议是指证券出售时，卖家向买家承诺在未来某个时间以预先约定的价格再把证券买回来，实际上，它是一种抵押贷款。有些国家的投资银行亦接受存款（主要是定期存款）。

投资银行的资产业务可分为本源业务和派生业务两大类。

（1）证券承销业务。证券承销业务是投资银行最传统、最核心的业务。

（2）证券经纪业务。证券经纪业务就是投资银行代客户进行证券买卖并从中收取佣金的业务，它是投资银行最重要的基础性业务之一。

（3）证券自营业务。投资银行除了经营一级市场上的承销业务和二级市场上的经纪业务，还在二级市场上从事证券的自营业务。

（4）项目融资业务。项目融资业务是指投资银行为某一特定的项目策划并安排一揽子融资的业务。

（5）企业并购业务。企业的并购虽然极其复杂，但是，投资银行精通并购的法律和规则、熟悉并购方式和程序、善于评估并购资产和进行财务处理、擅长并购谈判，因此，它在企业的并购中起着非常重要的作用。

（6）公司财务顾问业务。公司财务顾问业务是指投资银行向公司提供各种类型的收费咨询与顾问服务的业务，包括充当项目融资、企业并购等活动中的财务顾问，并充当公司重组、国营公司私有化中的财务顾问以及受聘作为公司的常年财务顾问等。

（7）基金管理业务。基金管理业务是指投资银行受投资人的委托，根据基金特定的投资目标，在各种股票、债券、期权合同、准现金票据、商品和不动产中进行组合投资，以实现分散风险、提高收益的目标。

（8）商人银行业务。当投资银行运用自有资金投资公司股权或成为公司债务人时，这一活动称为商人银行业务。

【综合自测题】

（一）判断题

1. 政策性银行是由政府投资设立的，一般被要求从事若干具有较高金融和商业风险的融资活动，所以，具有很强的盈利性。　　　　　（　　）

2. 封闭型基金的股份既可以进行有组织的交易，也可在场外进行交易。　　　　　　　　　　　　　　　　　　　　　　　　　　（　　）

3. 投资银行是为工商企业和其他客户提供贷款以及从事短期投资的金融中介。　　　　　　　　　　　　　　　　　　　　　　　　（　　）

4. 在开放型基金中，NAV 等于组合市价减去互助基金负债后再除以互助基金发行在外份额的值。　　　　　　　　　　　　　　　（　　）

5. 金融中介存在的作用之一是大大减少了金融交易中的交易和信息成本。　　　　　　　　　　　　　　　　　　　　　　　　　（　　）

6. 投资银行是一国重要的非银行金融中介机构之一。　（　　）

7. 抵押银行的资金来源主要是发行不动产抵押证券和吸收存款。
　　　　　　　　　　　　　　　　　　　　　　　　　　　　（　　）

8. 在信托投资活动中，经营风险一般由受托人承担，收益则归受益人。　　　　　　　　　　　　　　　　　　　　　　　　　　（　　）

9. 金融公司在其金融媒介过程中最大的特点是大额借入，却常以小额贷出。　　　　　　　　　　　　　　　　　　　　　　　　　（　　）

10. 典当行是指以财物作为质押而为客户进行短期资金融通的非银行金融机构。　　　　　　　　　　　　　　　　　　　　　　　（　　）

（二）单项选择题

1. 下列金融机构不属于商业银行的是_____。
   A. 中国工商银行　　　　　　　B. 香港汇丰银行
   C. 中国国家开发银行　　　　　D. 中国银行

2. 信托投资公司是以_____的身份经营的。
   A. 受托人　　　　　　　　　B. 代理人
   C. 委托人　　　　　　　　　D. 被委托人

3. 在银行体系中处于核心地位的是_____，处于主体地位的是_____。
   A. 投资银行、中央银行　　　B. 商业银行、政策性银行
   C. 中央银行、专业银行　　　D. 中央银行、商业银行

4. 下列说法正确的是_____。
   A. 中国进出口银行属于政策性银行
   B. 农村信用社作为农村集体金融组织，其特点集中体现在由农民入股、由国家统一管理
   C. 摩根士丹利、摩根大通、渣打、美林都属于投资银行
   D. 金融公司是通过在资本市场上发行股票和债券或从银行借少量贷款的方式来筹集资金的，它并不能通过在货币市场上发行商业票据进行融资

5. 投资银行最传统、最核心的业务是_____。
   A. 吸收存款　　　　　　　　B. 企业并购
   C. 商人银行　　　　　　　　D. 证券承销

6. 下列关于保险公司的说法有误的是_____。
   A. 寿险公司主要的资金来源是按不同的保险品种所确定的标准收取的保费
   B. 财产意外险公司的主要资金来源是保费收入
   C. 购买寿险属于一种长期投资
   D. 在我国的保险市场上，保险公司大致有三类：中资保险公司、外资保险公司分公司和中外合资保险公司

7. 下列关于开放型基金说法正确的是_____。
   A. 开放型基金向其他公司出售股份，投资者不能赎回
   B. 开放型基金的一个特征是投资者必须承担承销基金股份发行的巨大成本
   C. NAV 等于组合市价减去互助基金负债后再除以互助基金发行在外份额的值
   D. 开放型基金是一种很流行的基金，但其流行程度仍比不上封闭型基金

8. 下列不属于所有金融中介功能的是_____。

    A. 融通资金　　　　　　　　　B. 充当信用中介

    C. 最后贷款人　　　　　　　　D. 规避风险

9. 银行金融中介不包括_____。

    A. 政策性银行　　　　　　　　B. 专业银行

    C. 中央银行　　　　　　　　　D. 投资银行

10. 政策性银行具有_____的特征。

    A. 组织方式多样性　　　　　　B. 信用创造一致性

    C. 业务领域广泛性　　　　　　D. 融资准则非商业性

（三）多项选择题

1. 下列各项属于金融中介产生和发展的原因的是_____。

    A. 交易成本　　　　　　　　　B. 不确定性

    C. 信息成本　　　　　　　　　D. 道德风险

    E. 规模经济

2. 下列属于银行金融中介的是_____。

    A. 中央银行　　　　　　　　　B. 投资银行

    C. 商业银行　　　　　　　　　D. 信用社

    E. 专业银行

3. 下列属于储蓄银行负债业务的是_____。

    A. 储蓄存款　　　　　　　　　B. 货币市场互助基金

    C. CD　　　　　　　　　　　　D. 定期存款

    E. NOW

4. 下列属于政策性银行组织形式的有_____。

    A. 国有独资银行　　　　　　　B. 单一制银行

    C. 国有参股银行　　　　　　　D. 私人独资银行

    E. 国有合资银行

5. 下列属于投资银行资产业务的是_____。

    A. 证券承销业务　　　　　　　B. 证券自营业务

    C. 证券经纪业务　　　　　　　D. 企业并购业务

    E. 商人银行业务

6. 下列关于信托投资公司的说法正确的是_____。

    A. 信托投资公司突出的特点在于只办理一般信托业务

B. 信托投资业不同于一般委托代理和借贷业务，它具有收益高、责任重、风险小、程序烦琐以及管理复杂等特点

C. 动产信托、不动产信托、无形财产信托以及管理遗产都属于财产信托

D. 信托投资公司对经营管理水平、人员素质、信息来源和信息处理能力等方面都有很高的要求

E. 信托存款、信托放款、信托投资以及各类基金信托都属于资金信托

7. 下列关于保险公司的说法错误的是_____。

A. 按其保险方式的不同，保险公司可分为寿险公司、财产和灾害保险公司两大类

B. 寿险公司主要的资金来源并不包括投资债券、股票和由其他资产赚得的净收入

C. 财产意外险公司的一部分资金可用于投资有较高流动性和安全性且又有较高收益的政府证券和公司债券

D. 汽车责任险、意外医疗险、火灾保险都属于财产意外险

E. 国营保险公司一般是由国家投资经营的保险公司，它往往办理国家强制保险或某种特殊保险，以达到社会经济保障的目的

8. 金融公司可以分为_____。

A. 销售金融公司　　　　　　　B. 银行控股金融公司

C. 消费者金融公司　　　　　　D. 工商金融公司

E. 国有金融公司

9. 储蓄银行的自有资本可以分为_____。

A. 互助资本　　　　　　　　　B. 股份资本

C. 国有资本　　　　　　　　　D. 储蓄资本

E. 所吸收的存款

10. 下列属于开发银行资金来源渠道的是_____。

A. 发行债券　　　　　　　　　B. 借入资金

C. 借入外资　　　　　　　　　D. 贷款

E. 债务担保

（四）简答题

1. 试述当今金融机构体系业务变化的原因。

2. 银行并购的主要动因有哪些？今后银行并购的发展趋势是什么？

3. 什么是金融公司？它有什么类型和业务？

4. 我国的金融机构体系变革经历了哪些阶段？其变革呈现什么样的发展趋势？

5. 试述金融中介产生的原因。

第五章　商业银行

【学习目的与要求】

通过本章学习，我们要了解商业银行的起源、发展、性质、职能和组织形式，掌握商业银行的主要业务及其发展趋势，理解商业银行的经营原则和管理的基本理论及方法。

【学习重点与难点】

本章学习重点在于商业银行的性质、职能及其主要业务，学习难点是商业银行的经营原则和管理理论的发展。

【内容提示】

```
                      ┌─── 产生与发展
              ┌ 概述 ─┼─── 分类与组织形式
              │        └─── 性质与职能
              │
              │                        ┌─── 资本金
              │              ┌ 负债业务 ┼─── 存款
              │              │           └─── 借款
              │              │
  商业银行 ─┼ 业务 ─────┤              ┌─── 现金资产
              │              ├ 资产业务 ┼─── 贷款
              │              │           └─── 投资
              │              │
              │              └ 表外业务
              │
              │                        ┌─── 经营原则
              └ 经营与管理 ────────┼─── 管理理论
                                       └─── 管理方法
```

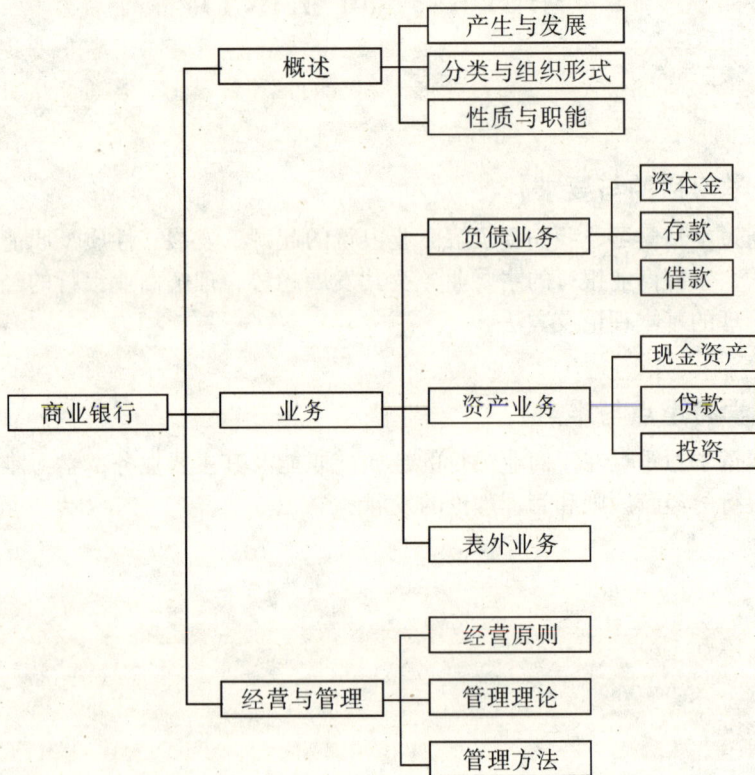

【思考题与解答要点】

1. 试述现代商业银行的产生途径。

答：现代商业银行是商品经济和信用制度高度发展的产物。虽然西方各国家商业银行产生的社会背景各不相同，但归纳起来主要有两条途径。

（1）由旧的高利贷银行转变而来。早期的银行是在资本主义生产关系还未建立时成立的，当时贷款的利率非常高，属于高利贷性质。随着资本主义生产关系的建立，高利贷因利息过高而影响了资本家的利润，制约着资本主义的发展。此时的高利贷银行面临着贷款需求锐减的困境和倒闭的威胁。不少高利贷银行顺应时代的变化，降低贷款利率，并由此转变为商业银行。这种转变是早期商业银行形成的主要途径。

（2）按资本主义组织原则，以股份公司形式组建而成的现代商业银行。大多数商业银行是按这一方式建立起来的。最早建立的资本主义股份制银行——英格兰银行成立后，它宣布以较低的利率向工商企业提供贷款，很快就动摇了高利贷银行在信用领域的地位，英格兰银行也因此而成为现代商业银行的典范。随后，英格兰银行的组建模式被推广到欧洲其他国家，商业银行开始在世界范围内得到普及。

2．如何理解商业银行的性质？

答：商业银行是以追求最大利润为经营目标、以经营金融资产和负债为对象、具有综合性与多功能的金融企业。商业银行的性质具体体现在以下几个方面：

（1）商业银行具有一般企业的特征。

商业银行与一般企业一样，拥有业务经营所需要的自有资本，依法经营，照章纳税，自负盈亏，具有独立的法人资格，拥有独立的财产、名称、组织机构和场所。获取最大限度的利润是商业银行产生和发展的基本前提，也是商业银行经营的内在动力。

（2）商业银行是一种特殊的企业。

商业银行是一种特殊的金融企业。其特殊性表现在：①经营对象不同，一般企业的经营对象是普通商品，而银行经营的则是货币这种特殊商品；②经营方式不同，普通企业的经营是以生产或流通方式经营普通商品，而商业银行是以借贷方式经营货币这种特殊商品；③活动领域不同，普通企业的活动领域是普通的商品生产和流通领域，而商业银行是在货币信用这个特殊的领域中活动的；④商业银行对整个社会经济的影响要远远大于普通企业，它在宏观领域对整个社会经济产生影响。

3．商业银行有哪些主要职能？

答：商业银行作为现代经济的核心，具有以下特定的职能。

（1）信用中介。商业银行通过负债业务将社会上的各种闲散资金集中起来，通过资产业务，将所集中的资金运用到国民经济的各部门中去。

（2）支付中介。商业银行利用活期存款账户，为客户办理各种货币结算、货币收付、货币兑换和转移存款等业务。

（3）信用创造。这是商业银行的特殊职能，它是在信用中介和支付中介职能的基础上产生的。信用创造是指商业银行利用其吸收活期存款的有利条件，通过发放贷款、从事投资业务而衍生出更多的存款，从而扩大货币供应量。商业银行的信用创造包括两层意思：一是指信用工具的创造，如银行券或存款货币；二是指信用量的创造。

（4）金融服务。商业银行根据客户的要求不断拓展自己的金融服务领域，如信托、租赁、咨询、经纪人业务及国际业务等。

（5）调控经济职能。商业银行通过贯彻中央银行货币政策来调节经济，根据国家经济政策和产业政策的要求，有针对性地确定贷款投向，实行贷款倾斜，优化经济结构，通过办理消费信贷业务来调节和引导消费。

4．简述商业银行的经营原则。

答：商业银行在经营中需要遵循盈利性、流动性和安全性原则，协调处理好这三个原则的关系极为重要。既要达到利润最大化，更要照顾到银行的流动性和安全性，亦需要在保持良好的流动性和安全性的前提下，追求最大盈利。

（1）盈利性原则。盈利性是指商业银行作为一个企业，其经营追求最大限度的盈利。盈利性既是评价商业银行经营水平的核心指标，也是商业银行最终效益的体现。影响商业银行盈利性指标的因素主要有存贷款规模、资产结构、自有资金比例和资金自给率水平，以及资金管理体制和经营效率等。

（2）流动性原则。流动性是指商业银行随时应付客户提现和满足客户告贷要求的能力。流动性包括资产的流动性和负债的流动性：资产的流动性是指银行资产在不受损失的前提下随时变现的能力，负债的流动性是指银行能经常以合理的成本吸收各种存款和其他所需资金。一般情况下所说的流动性是指前者，即资产的变现能力。为了满足客户提取存款等方面的要求，银行在安排资金运用时，一方面要使资产具有较高的流动性，另一方面必须力求负债业务结构的合理，并保持较强的融资能力。

（3）安全性原则。安全性是指银行的资产、收益、信誉以及所有经营生存发展的条件免遭损失的可靠程度。安全性的反面就是风险性，商业银行的经营安全性原则就是尽可能地避免和减少风险。

5．商业银行三大业务的基本构成是什么？

答：商业银行的业务一般可分为负债业务、资产业务和表外业务。

（1）商业银行的负债业务。负债业务是形成商业银行资金来源的主要业务，是商业银行开展资产业务的前提和条件。其主要包括自有资本和吸收外来资金两大部分。

①商业银行自有资本。商业银行的自有资本是其开展各项业务活动的初始资金，主要包括成立时发行股票所筹集的股份资本、公积金以及未分配的利润。具体来说，银行资本主要包括：股本、盈余、债务资本和其他资金来源。

②各类存款。按照传统的存款划分方法，存款主要有三种，即活期存款、定期存款和储蓄存款。

③商业银行的借款业务。主要包括向中央银行借款、同业借款、发行金融债券、国际金融市场借款等。

（2）商业银行的资产业务。资产业务是商业银行关于资金运用的业务，也是商业银行收入的主要来源。主要包括现金资产、贷款和投资。

①现金资产。这是银行资产中最具有流动性的部分，主要是用来满足客户提现和转账结算的需要。主要包括库存现金、交存中央银行的存款准备金、存放同业及托收未达款等。

②商业银行的贷款业务。贷款是商业银行作为贷款人，按照一定的贷款原则和政策，以还本付息为条件，将一定数量的货币资金提供给借款人时使用的一种借贷行为。

③商业银行的投资业务。主要是指商业银行的证券投资业务，即商业银行以其资金在金融市场上购买各种有价证券的业务。商业银行投资业务的主要对象是各种证券，包括国库券、中长期国债、政府机构债券、市政债券或地方政府债券以及公司债券等。

（3）商业银行的表外业务。表外业务是指不构成商业银行表内资产、表内负债，而形成银行非利息收入的业务。虽然按通行的会计准则，这类业务不列入商业银行的资产负债表内，不影响其资产负债总额，但能改变损益。表外业务有狭义和广义之分。

①狭义表外业务。狭义表外业务是指那些未列入资产负债表，但同表内资产业务和负债业务关系密切，并在一定条件下会转为表内资产业务和负债业务的经营活动，主要包括担保业务、承诺业务、金融衍生工具交易类业务、投资银行类业务。

②广义表外业务。广义表外业务包括狭义表外业务和金融服务类业务，即结算、代理、信托、咨询等无风险经营活动。

6. 商业银行表外业务快速发展的原因有哪些？

答：商业银行表外业务发展迅速的主要原因有：

（1）规避资本管制，增加盈利来源。商业银行为了维持其盈利水平，纷纷设法规避资本管制给银行经营带来的限制，注重发展对资本没有要求或对资本要求较低的表外业务，使得银行在不增加资本金甚至减少资本金的情况下，仍可以扩大业务规模，增加业务收入，提高盈利水平。

（2）适应金融环境的变化。20 世纪 70 年代以后，融资出现了证券化和利率自由化趋势，银行资产来源减少，存贷利差缩小，银行资金运用又受到许多限制，商业银行的经营面临更大的困难。为了适应经营环境的变化，一些实力雄厚的大银行依靠自己客户多、人才多的优势，选择了大力发展表外业务的经营策略，从而使表外业务迅速扩张。

（3）转移和分散风险。由于资产业务的风险增加，商业银行注重发展资产业务以外的表外业务，以达到分散和转移风险的目的。

（4）适应客户对银行服务多样化的要求。金融衍生工具的层出不穷、各种非银行金融机构的金融服务多样化给商业银行带来了挑战，商业银行为了巩固与客户的关系，便大力发展代理客户进行衍生工具服务。

（5）商业银行自身的有利条件，如规模优势、人才优势等，促使其发展表外业务。

（6）科技进步推动商业银行表外业务的发展。电脑技术和信息产业的迅速发展，对商业银行表外业务的开展起了极大的推动作用。

7. 试述商业银行经营管理理论的变迁。

答：在商业银行的发展历程中，商业银行的经营管理理论也在不断发展变化，大体上先后产生了资产管理理论、负债管理理论、资产负债综合管理理论、全面风险管理理论。

（1）资产管理理论。商业银行的资产管理主要是指商业银行如何把筹集到的资产恰当地分配到现金资产、证券投资、贷款和固定资产等银行资产上。商业银行的资产管理理论以资产管理为核心，依次经历了以下三种演变：①商业性贷款理论；②资产转移理论；③预期收入理论。以上三种理论各有侧重，但都是为了保持资产的流动性。商业性贷款理论强调贷款的用途；资产转移理论强调资产的期限和变现性；预期收入理论强调银行资产投向的选择。它们之间存在着互补的关系，每一种理论的产生都为银行资产管理提供了一种新思想，促进银行资产管理理论的不断完善和发展。

（2）负债管理理论。负债管理理论盛行于 20 世纪 60 年代的银行业利率管制和金融市场高利率时期。负债管理理论以负债为经营重点，即以借入资金的方式来保证流动性，以积极创造负债的方式来增加资金来源，调整负债结构，从而增加资产和收益。这一理论认为：负债不是既定的，而是可以由银行加以扩张的，资金来源可以根据资产运用的需要而随时进行调整，可以让负债去响应或支持资产。

（3）资产负债综合管理理论。资产管理理论过分偏重于安全性和流动性，在一定条件下以牺牲盈利性为代价，不利于鼓励银行的进取经营；而负债管理理论则过分依赖于外部条件，往往会给银行带来经营风险。资产负债综合管理理论产生于20世纪70年代末80年代初，利率管制的放松影响到银行的主要利润来源——净利差。资产负债管理的基本思想是从资产和负债两方面综合考虑，对照分析，根据银行经营环境的变化，协调各种不同的资产和负债在利率、期限、风险和流动性等方面的搭配，调整出最优化的资产负债组合，以满足盈利性、安全性和流动性的要求。

（4）全面风险管理理论。20世纪80年代之后，商业银行经营管理从资产负债综合管理向全面风险管理转换。全面风险管理包括全球的风险管理体系、全面的风险管理范围、全程的风险管理过程、全新的风险管理方法以及全员的风险管理文化等先进的风险管理理念和方法。

【综合自测题】

（一）判断题

1. 商业银行是一种特殊企业，其经营的对象是货币这种特殊的商品。
（　　）

2. 商业银行与其他金融机构的基本区别在于商业银行是唯一能吸收活期存款、开设支票存款账户的金融中介机构。　　　（　　）

3. 商业银行最基本的职能是充当信用中介。　　　　　（　　）

4. 商业银行可以无限制地进行信用创造。　　　　　　（　　）

5. 商业银行的信用中介职能不改变货币资金的所有权，而只是将货币资金的使用权在资金盈余者和资金短缺者之间融通。　（　　）

6. 永久性的股东权益和债务资本都属于商业银行的核心资本。（　　）

7. 我国商业银行贷款按质量或风险程度可分为五类。　（　　）

8. 流动性要求是商业银行经营中的一项重要原则，因此，商业银行应该保留尽可能多的现金储备。　　　　　　　　　（　　）

9. 预期收入理论属于负债管理理论的内容。　　　　　（　　）

10. 在商业银行出现正的资金缺口的情况下，市场利率与银行利息收益的变动方向是一致的。 （　　）

11. 货币经营业一旦从事存款业务，便转化为银行业。 （　　）

12. 商业银行不能为了盈利而放弃流动性原则。 （　　）

13. 商业银行的风险回避就是放弃做有风险的业务。 （　　）

14. 一般来说，流动性越强的资产盈利性越好。 （　　）

15. 在准备金制度和现金结算的条件下，商业银行可以创造信用量。 （　　）

16. 商业银行的主要功能是信用媒介，这是一种直接信用。 （　　）

17. 银行资本作为负债，与其他负债并无实质区别。 （　　）

18. 在现代经济条件下，货币供给的主体是非银行金融机构。 （　　）

19. 商业银行的资本是其经营的重要资金来源，具有风险缓冲的重要作用。 （　　）

20. 短期证券资产以及随时可以收回的通知贷款属于商业银行第一级准备。 （　　）

（二）单项选择题

1. _____的商业银行属于全能型商业银行。

A. 美国　　　　　B. 德国　　　　　C. 英国　　　　　D. 中国

2. 商业银行最基本也是最能反映其经营活动特征的职能是_____。

A. 信用中介　　　B. 支付中介　　　C. 信用创造　　　D. 信息中介

3. 就组织形式来看，我国商业银行实行_____。

A. 代理行制度　　　　　　　　B. 单元银行制度

C. 总分行制度　　　　　　　　D. 银行控股公司制度

4. 商业银行经营活动的基础是_____。

A. 资产业务　　　B. 负债业务　　　C. 表外业务　　　D. 其他业务

5. _____属于商业银行的狭义表外业务。

A. 承兑业务　　　B. 租赁业务　　　C. 信托业务　　　D. 承诺业务

6. 商业银行中流动性最强但收益最低的资产是_____。

A. 贴现票据　　　B. 贷款　　　　　C. 现金　　　　　D. 票据贴现

7. 下列贷款的风险程度最高的是_____。

A. 可疑贷款　　　B. 关注贷款　　　C. 正常贷款　　　D. 次级贷款

8. 20世纪50年代中后期至60年代初，金融市场出现"脱媒"现象，商业银行经营管理的重点转向_____。

  A. 资产管理   B. 负债管理

  C. 资产负债综合管理   D. 全面风险管理

9. 商业银行经营证券投资业务最初的目的是保持资产的_____。

  A. 盈利性   B. 安全性   C. 流动性   D. 多样性

10. _____不是资产负债管理的基本方法。

  A. 利差管理   B. 缺口管理

  C. 利率敏感性分析   D. 资产分配法

11. 商业银行的资产业务是指_____。

  A. 资金来源业务   B. 存款业务

  C. 中间业务   D. 资金运用业务

12. 目前，在商业银行的全部资金来源中占最大比例的是_____。

  A. 负债   B. 存款   C. 自有资本   D. 借款

13. 商业银行在无损状态下迅速变现的能力是指_____。

  A. 负债的流动性   B. 经营的安全性

  C. 资产的流动性   D. 经营的盈利性

14. _____不是商业银行的经营原则。

  A. 流动性   B. 风险性   C. 盈利性   D. 安全性

15. 资产负债综合管理的核心是_____。

  A. 净利差   B. 风险缺口

  C. 资产分配   D. 利率敏感性

16. _____不属于商业银行的交易存款。

  A. 支票存款   B. 储蓄存款   C. NOWs   D. CDs

17. 在商业银行总分行制的外部组织形式中，_____是指总部负责管理下属分支机构的业务活动，其自身并不经营具体的银行对外业务。

  A. 总行制   B. 单一制   C. 连锁制   D. 管理处制

18. 银行许诺客户在未来的一定时期内，根据商定的条件（期限、利率、金额）随时从银行获得贷款称为_____。

  A. 回购协议   B. 信贷承诺

  C. 票据发行便利   D. 单一银行贷款

19. _____不属于商业银行的现金资产。

  A. 库存现金   B. 准备金

  C. 存放同业款项   D. 应付款项

20. 商业银行在经营过程中会面临各种风险，其中，由于借款人不能按时归还贷款人的本息而可能使贷款人遭受损失风险是_____。

　　A. 国家风险　　　　　　　　B. 信用风险

　　C. 利率风险　　　　　　　　D. 汇率风险

（三）多项选择题

1. 商业银行的信用创造职能是建立在_____职能的基础之上的。

　　A. 信用中介　　　　　　　　B. 支付中介

　　C. 信息中介　　　　　　　　D. 金融服务

2. _____属于商业银行的附属资本。

　　A. 股本　　　　　　　　　　B. 未公开储备

　　C. 重估储备　　　　　　　　D. 普通准备金

3. 商业银行的借款业务主要有_____。

　　A. 向中央银行借款　　　　　B. 银行同业拆入

　　C. 发行资本债券　　　　　　D. 国际金融市场借款

4. 商业银行资本金具有重要的作用，主要包括_____。

　　A. 保护性功能　　　　　　　B. 经营性功能

　　C. 管理性功能　　　　　　　D. 盈利性功能

5. 商业银行的准备金组成包括_____。

　　A. 法定存款准备金　　　　　B. 超额存款准备金

　　C. 托收中的现金　　　　　　D. 库存现金

6. 广义的表外业务包括_____。

　　A. 信托业务　　　　　　　　B. 银行卡业务

　　C. 担保业务　　　　　　　　D. 金融衍生工具交易类业务

7. 商业银行资产负债管理理论的优点表现在_____。

　　A. 增加了商业银行资产　　　B. 解决了流动性问题

　　C. 解决了利差问题　　　　　D. 解决了敏感性问题

8. 商业银行的全面风险管理包括_____。

　　A. 职能风险管理模式　　　　B. 整合风险管理模式

　　C. 风险和价值管理模式　　　D. 战略风险管理模式

9. 资产管理理论产生于商业银行发展的初期阶段，具体又经历了_____三个阶段。

　　A. 商业性贷款理论　　　　　B. 负债管理理论

　　C. 转移理论　　　　　　　　D. 预期收入理论

10. 商业银行的发展趋势是_____。

　　A. 盈利水平越来越高

　　B. 高新技术广泛应用

　　C. 证券化趋势明显

　　D. 服务范围日益扩大和银行业务全球化

11. 商业银行的资金来源主要由_____等组成。

　　A. 存款　　　　　　　　　　B. 自有资本

　　C. 借款　　　　　　　　　　D. 现金

12. 银行租赁业务的形式主要有_____。

　　A. 融资性租赁　　　　　　　B. 杠杆租赁

　　C. 操作性租赁　　　　　　　D. 转租赁

13. 商业银行替客户办理表外业务可能获得的好处有_____。

　　A. 控制企业经营　　　　　　B. 获得稳定的客户

　　C. 手续费收入　　　　　　　D. 暂时占用客户的资金

14. 在商业银行的表外业务中，承诺性业务占据了相当重要的地位，下列所列业务中属于商业银行表外业务中承诺性业务的是_____。

　　A. 票据发行便利　　　　　　B. 债券承销

　　C. 信贷承诺　　　　　　　　D. 承兑业务

15. 商业银行进行信用创造的前提条件是_____。

　　A. 部分准备金制度　　　　　B. 全额准备金制度

　　C. 自身拥有银行券的发行权　D. 非现金结算制度

（四）简答题

1. 商业银行资产业务主要分为哪几类？鉴于现金资产的收益率最低，是否现金资产在总资产中占比率越低越好？

2. 简述商业银行的经营原则及其相互关系。

3. 负债管理理论存在哪些不足之处？

4. 为什么要对借款企业进行信用分析？信用分析的主要内容有哪些？

5. 商业银行投资的特殊之处在哪里？目前我国对商业银行的投资范围有何具体限制？

第六章　中央银行

【学习目的与要求】

通过本章学习，我们应了解中央银行产生发展的历程以及中央银行制度的基本类型，掌握中央银行的性质与职能，明确中央银行的主要业务，思考我国中央银行的现状、存在的问题及发展前景。

【学习重点与难点】

本章学习重点是中央银行的性质与职能，学习难点在于对中央银行独立性问题的理解。

【内容提示】

```
                    ┌─ 产生背景
          ┌─ 产生和发展 ─┼─ 发展阶段
          │            └─ 制度类型
          │
          │            ┌─ 央行与政府的关系         ┌─ 发行的银行
   中央银行 ─┼─ 性质和职能 ─┼─ 央行的特征 ──┤
          │            └─ 央行的职能 ────┤─ 银行的银行
          │                              └─ 政府的银行
          │            ┌─ 负债业务
          └─ 主要业务 ──┼─ 资产业务
                       └─ 清算业务
```

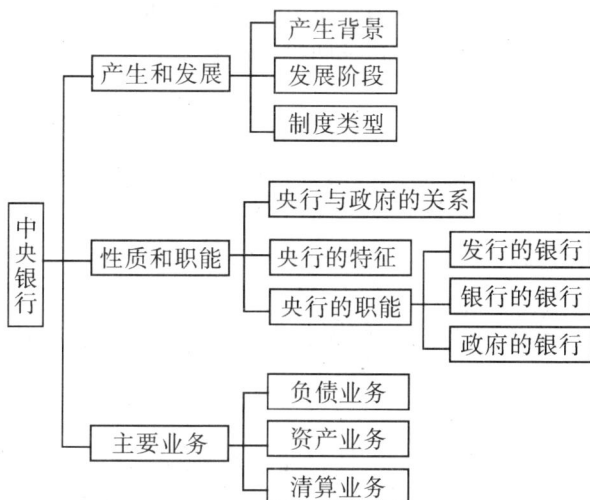

【思考题与解答要点】

1. 试述中央银行产生的经济背景。

答：中央银行产生于 17 世纪后半期，形成于 19 世纪初，其产生有着深刻的经济背景和客观经济条件。

（1）商品经济的迅速发展。18 世纪初，西方国家开始工业革命，社会生产力的快速发展和商品经济的迅速扩大，促使货币经营业越来越普遍。货币经营业日益有利可图，经营者由此产生了控制货币财富的欲望。

（2）资本主义经济危机的频繁出现。资本主义经济自身固有的矛盾导致经济危机频发，西方国家政府开始从货币制度上寻找原因，企图通过发行银行券控制、避免和挽救频发的经济危机。

（3）银行信用普遍化和集中化。资本主义产业革命促进生产力的空前提高，进而促使资本主义银行信用业蓬勃发展。主要表现在银行经营机构的不断增加以及银行业实行联合、集中和垄断的趋势。

2. 试述中央银行产生的客观经济基础。

答：资本主义商品经济的迅速发展，经济危机的频繁发生，银行信用的普遍化和集中化，既为中央银行的产生奠定了经济基础，又为中央银行的产生提供了客观条件。

（1）银行券统一发行的需要。在银行业发展初期，几乎每家银行都有发行银行券的权力。但随着经济的发展、市场的扩大和银行机构的增多，银行券分散发行所带来的过多的银行券和信用危机等弊病日益突出，这在客观上要求有一个实力雄厚、在全国范围内享有权威的银行来承担全国的银行券发行工作。

（2）最后贷款人的需要。商业银行经常会发生营运资金不足、头寸调度不灵等问题，中央银行由此应运而生。它既能集中众多银行的存款准备，又能及时为商业银行提供必要的周转资金，充当最后的贷款人。

（3）票据清算的需要。随着银行业务的不断发展，企业间的支付也由银行来完成，银行间的债权债务关系复杂化，由各家银行自行轧差进行当日清算已十分困难，银行间的支付就要求国家成立银行的银行来为之服务。这种状况在客观上要求国家建立中央银行，作为全国统一的、有权威的、公正的清算机构。

（4）金融监管的需要。随着银行业与金融市场的发展，银行业的竞争也日趋激烈，而银行的破产会比普通企业的破产引起更大的经济动荡和社会的不稳定。金融活动需要政府出面进行必要的管理，而这种管理有很强的专业性与技术性，必须由专业性的机构来实施。这在客观上要求有一个代表政府意志的专门机构来从事对金融业的监督管理和协调工作。

3. 试述中央银行的性质和职能。

答：（1）中央银行的性质。中央银行是一个代表国家制度执行金融政策、负责宏观调控和对其他金融机构进行监督管理的国家金融管理机构。与其他金融机构相比，中央银行具有以下特征：

①中央银行是一国金融体系的核心。中央银行作为特殊的金融机构，处于一国金融体系的核心地位。它是中央政府的一个组成部分，是统领全国货币金融的最高权力机构，也是全国信用制度的枢纽和金融管理的最高当局。中央银行的地位非同一般，它是国家货币政策的体现者，是国家干预经济生活的重要工具，是政府在金融领域的代理，也是在国家控制下的一个职能机构。

②中央银行不以盈利为经营目的。中央银行承担调节经济金融的特殊使命，在整个银行系统中处于超然的领导地位，既不和一般银行争抢利润，也不偏向哪一家银行，始终以金融管理者的身份来调节金融活动。其资金来源主要来自于发行的货币，所以，它不可能与商业银行和其他金融

机构处于平等的地位，因此也不可能与它们展开平等的竞争。

③中央银行一般不对存款支付利息。中央银行本身不以盈利为目的，中央银行享有发行货币的特权，同时也接受商业银行和其他金融机构的存款，中央银行对所有的存款都不计付利息。中央银行所有的存款属于存款准备的集中，对政府各种财政性存款，也不计付利息。

④业务经营对象是政府、银行及其他金融机构。中央银行的经营对象不同于商业银行，其主要面向政府和其他金融机构。而商业银行及其他金融机构，其经营对象是企业、单位和个人。

⑤中央银行的资产具有最大的流动性。中央银行负有调节金融活动的职责，其资产必须具有最大的流动性。因为中央银行对金融活动的调节，主要是通过货币政策工具来进行的，无论使用哪种货币政策工具（存款准备金政策、再贴现政策、公开市场业务），其最终结果必然是由中央银行的资产变动而引起社会货币供应量的变动，以达到所要求的政策效果。在中央银行资产中，不能含有长期投资，除保持适量的现金外，应保持一定数量的短期有价证券，如政府公债，以便随时变卖，来应付金融调控的需求。

（2）从中央银行业务活动的特征去分析，中央银行有发行的银行、银行的银行、政府的银行三大职能。

①中央银行是发行的银行。发行的银行是指国家赋予中央银行集中和垄断货币发行的特权，是国家唯一的货币发行机构。中央银行集中和垄断货币发行权是其之所以成为中央银行的最基本、最重要的标志，也是中央银行发挥其全部职能的基础。

②中央银行是银行的银行。银行的银行是指中央银行的业务对象是商业银行和其他金融机构及特定的政府部门，其与业务对象之间的业务往来仍具有银行固有的办理"存、贷、汇"的业务特征，中央银行在为商业银行和其他金融机构提供支持、服务的同时也是它们的管理者。中央银行作为银行的银行，具体表现在三个方面。a. 集中存款准备金。各国一般都通过法律作出规定，商业银行及有关金融机构必须按存款的一定比例向中央银行缴存存款准备金。当某家商业银行发生支付、清偿困难时，中央银行不但在认定的条件下允许其动用所缴纳的存款准备金，而且在特殊情况下还可以提供远超过其所缴数额的资金支持。b. 充当商业银行等金融机构的"最后贷款人"。c. 组织、参与和管理全国的清算。

③中央银行是政府的银行。政府的银行是指中央银行根据法律授权制

定和实施货币政策，对金融业实施监督管理，负有保持货币币值稳定和保障金融业稳健运行的责任；代表国家政府参加国际金融组织，签订国际金融协定，参与国际金融事务与活动；为政府代理国库，办理政府所需要的银行业务，提供各种金融服务。具体有：代理国库、代理政府债券的发行、为政府融通资金、为国家持有和经营管理国际储备、代表国家政府参加国际金融组织和各项国际金融活动、制定和实施货币政策、对金融业实施金融监督管理、为政府提供经济金融信息和决策建议。

4. 试述中央银行独立性的内涵。

答：中央银行的独立性是相对的，也就是指中央银行在政府或国家权力机构的授权下，根据国家总的经济目标，独立地制定和推行货币政策，以实现国家宏观经济目标。

中央银行独立性的内涵通常从两个方面去理解：

（1）中央银行必须具有独立性，即指中央银行在履行货币管理职能、制定与实施货币政策时的自主性。这是因为：

①由于中央银行与政府所处的地位有所不同，因而它们考虑一些经济政策的侧重点也不尽相同。就一国总统而言，他比较侧重的是促进经济增长和解决失业问题，因而政策的重点往往是推行扩张性的经济政策以刺激有效需求和增加就业，甚至不惜以通货膨胀为代价。但是就中央银行来说，它的首要任务在于稳定币值和物价，一旦经济出现通货膨胀的趋势，中央银行就要采取紧缩性的货币政策，收紧银根，以遏制通货膨胀，这就与总统的意图相悖。

②制定与实施货币政策必然要涉及货币政策目标与货币政策手段两个方面的问题，因此，中央银行的独立性包括了确定目标的独立性和运用工具的独立性。现代中央银行的货币政策目标包括稳定物价、充分就业、经济增长和国际收支平衡四个方面。这四个方面虽然有着密切的内在联系，但稳定物价是中央银行的中心目标。货币政策目标不明确或者币值不稳定的国家，或者事实上不能坚持以稳定币值为中心目标的国家，大多是由于中央银行缺乏独立性所致。即使在确定了以稳定币值为中心目标的国家，中央银行在选择货币政策工具时也会遇到来自各方面的压力，如果中央银行的独立性不强，其所选择的货币政策工具也很可能因受到干扰而不是最佳的工具，从而不能实现既定的货币政策目标。

③中央银行的业务具有高度技术性，而且它的政策直接影响国民经济的各个部门，因此，它的最高管理人员必须具有丰富的经验和熟练的技术

来独立地制定和推行货币政策，调节资金流向。所以，中央银行需要足够的独立性，以便其充分行使其职能，发挥其作用。中央银行与政府负有同样的使命。中央银行有义务支持政府的经济政策，以保证中央银行与政府实现一致的目标。

（2）中央银行的独立性是相对的。各国政府都将发展本国经济作为国内工作的一项重要任务。为实现这个任务，政府需要制定相应的经济政策，其中包括产业政策、物价政策、收入政策和货币政策等。但货币政策的制定甚至具体贯彻都是由中央银行来完成的，这就决定了中央银行与政府承担着同样的使命。中央银行作为国家机器的组成部分，其职责必须是为国家利益服务，并接受政府的管理与监督。政府有权对中央银行的最高权力机构领导人进行推荐或直接加以任命，并使之法律化，且在中央银行最高决策机构中都有政府代表。

世界上任何一个国家的货币政策都是由中央银行来贯彻执行的，但货币政策的制定则未必完全体现中央银行的意志，中央银行必须考虑和兼顾国家总体经济目标的要求，甚至有些国家的政府对中央银行货币政策的制定享有最终权威。所以，中央银行的独立性是指中央银行的相对独立性。

5. 试述中央银行的负债业务。

答：中央银行的负债形成其资金来源，是资产业务的基础，主要包括货币发行、存款业务和其他负债业务。

（1）货币发行。中央银行发行货币主要是通过为商业银行及其他金融机构提供贷款、接受商业票据再贴现、在金融市场上购买有价证券、收兑金银和外汇等方式实现的。

（2）存款业务。①存款准备金业务。中央银行通过规定存款准备金比率，吸收商业银行的法定存款准备金和超额准备金，并借此来调节货币供应量。②财政性存款业务。这是中央银行吸收各级财政机关、政府机关、社会团体的存款的业务，财政性存款本质上是国家预算资金或与国家预算直接有关的资金。③特种存款业务。中央银行在货币政策工具发挥作用有限的情况下，根据信贷资金的运营情况和银根松紧以及宏观调控的需要，采用特种存款方式，集中一部分金融机构一定数量的资金而形成的存款，是中央银行调整信贷资金结构和信贷规模的重要工具。

（3）其他负债业务。中央银行还可以通过发行中央银行债券、对外负债和筹措资本等方式获得资金。

6. 试述中央银行的资产业务。

答：中央银行通过资产业务操作来调控信用规模和货币供应量。资产业务主要包括贷款业务、再贴现业务、证券买卖业务、储备资产业务等内容。

（1）贷款业务。①对商业银行再贷款。对商业银行再贷款是指中央银行对商业银行的贷款，中央银行通过对贷款的利率水平、额度大小和条件进行限制，反映其货币政策意愿。同时，再贷款是商业银行扩大信用能力的重要渠道和保证支付的最后手段。②对政府贷款。政府在提供公共服务的过程中，会发生暂时性的收支失衡。中央银行有提供信贷支持的义务，对政府的贷款可通过直接提供贷款和买入政府债券两条渠道进行。③其他贷款。一是对非金融部门的贷款，二是对外国政府和外国金融机构的贷款。

（2）再贴现业务。再贴现业务指商业银行或其他金融机构用贴现所获得的未到期票据，向中央银行做的票据转让。再贴现既是中央银行向商业银行提供资金的一种方式，也是中央银行的货币政策工具之一。

（3）证券买卖业务。证券买卖业务指中央银行通过公开市场买入或卖出政府债券的行为。中央银行通过买卖债券，直接吞吐基础货币，调控货币供给量和信用规模。

（4）储备资产业务。政府将外汇、黄金、特别提款权以及其他国际清算手段作为储备资产，委托中央银行进行保管和经营，形成了中央银行的储备资产业务。

7. 试述中央银行在支付体系中的作用。

答：清算是指对由一定经济行为所引起的货币关系的计算和结清。中央银行作为银行的银行，各商业银行等其他金融机构都在中央银行开立账户，因此，由中央银行来负责清算它们之间的资金往来和债权债务关系具有客观的便利条件。中央银行作为一国支付清算体系的参与者和管理者，将通过一定的方式、途径，使金融机构之间的债权债务清偿及资金转移顺利完成并维护支付系统的平稳运行，从而保证经济活动和社会生活的正常运行。

（1）作为支付体系的使用者，中央银行需要自行交易以转移资金。主要包括：通过支付体系清算公开市场操作，以实施货币政策；进行政府债券的支付结算（包括发行和兑付）。

（2）作为支付体系的成员，中央银行可以代表自己的客户进行收付。

（3）作为支付服务的提供者，中央银行的服务包括：组织票据交换与清算、办理异地跨行清算、提供跨国支付清算服务、提供证券和金融衍生工具交易清算服务，即为商业银行在支付体系的运作提供结算账户；单独或与其他商业银行、金融机构一起，为支付体系提供系统硬件、软件、操作程序或通信网络等。

（4）作为公共利益的保护人，此作用包含的内容更为广泛：支付体系管理者；支付体系成员的监督者；为支付体系提供管理和计划；为仲裁争议和处理赔偿提供技术标准。另外，中央银行还可以作为金融机构之间结算和国际清算的担保人。

【综合自测题】

（一）判断题

1. 中央银行在业务上具有特殊性，它一般不经营商业银行或其他金融机构的普通金融业务。（　）

2. 中央银行对独立性的要求使其必须完全独立于政府之外。（　）

3. 中央银行从事"存、放、汇"银行业务的对象是商业银行和其他商业企业。（　）

4. 中央银行是不以盈利为目的的特殊金融管理机构，按照自愿、有偿的原则吸收法定存款准备金。（　）

5. 当中央银行发行债券时，可以增加金融系统中的流动性，紧缩货币供应量。（　）

6. 全国范围内的支付清算活动主要由中央银行负责组织。（　）

7. 中央银行的储备资产不含有特别提款权。（　）

8. 中国人民银行虽隶属于国务院，但是仍具有一定的独立性。（　）

9. 中央银行的资本无论属于哪种形式，都不对中央银行的性质或职能产生实质性的影响。（　）

10. 在一般情况下，中央银行对社会公众的现金负债是一种长期的、无须清偿的债务。（　）

11. 世界上大多数国家都采用中央银行与财政部平行的模式。（　）

12. 世界上最早的中央银行是瑞典银行。（　）

13. 美国的联邦储备体系就是典型的单一中央银行制度。（　）

14. 从广义上讲，再贴现属于中央银行贷款的范畴。　　（　　）

15. 货币发行权高度集中于中央银行，体现的是发行的银行的职能。

（　　）

16. 中央银行清算业务源于其作为政府的银行的职能。　　（　　）

17. 鉴于向政府直接提供贷款往往会造成通货膨胀的经验，在大多数国家，直接贷款都被限定在短期贷款中。　　（　　）

18. 各国中央银行一般不承担向财政提供长期贷款或透支的责任。

（　　）

19. 货币发行业务是中央银行最重要的资产业务之一。　　（　　）

20. 商业银行向中央银行再贴现时使用的票据必须以真实商品交易为基础。　　（　　）

（二）单项选择题

1. 中国人民银行实行_____中央银行制度。

    A. 一元制　　　　　　　　　　B. 二元制

    C. 复合制　　　　　　　　　　D. 准中央银行制

2. 下列_____不是中央银行的职能。

    A. 发行的银行　　　　　　　　B. 政府的银行

    C. 企业的银行　　　　　　　　D. 银行的银行

3. 下列_____最能体现中央银行是"政府的银行"。

    A. 发行货币　　　　　　　　　B. 代理国库

    C. 最后贷款人　　　　　　　　D. 集中存款准备金

4. 下列_____属于中央银行的负债。

    A. 再贴现贷款　　　　　　　　B. 证券

    C. 中央政府存款　　　　　　　D. 特别提款权凭证账户

5. 中央银行证券买卖业务的主要对象是_____。

    A. 股票　　　　　　　　　　　B. 金融债券

    C. 企业债券　　　　　　　　　D. 国库券

6. 若中央银行提高再贴现率，将使商业银行_____。

    A. 降低贷款利率　　　　　　　B. 提高贷款利率

    C. 降低存款利率　　　　　　　D. 无影响

7. 真正最早全面发挥中央银行职能的是_____。

    A. 德意志银行　　　　　　　　B. 英格兰银行

C. 日本银行　　　　　　　　　　D. 法兰西银行

8. 下列_____不属于中央银行的清算业务范围。

A. 组织票据交换与清算

B. 办理异地跨行清算

C. 提供跨国支付清算服务

D. 商业银行与企业客户间的账目清算

9. _____是中央银行存款业务中最重要的业务。

A. 存款准备金业务　　　　　　　B. 财政性存款业务

C. 特种存款业务　　　　　　　　D. 非银行金融机构存款

10. 下列_____不是中央银行具有政府的银行职能的体现。

A. 代理政府债券的发行　　　　　B. 为政府融通资金

C. 制定和实施货币政策　　　　　D. 独享货币发行权

11. 中央银行之所以成为中央银行，最基本、最重要的标志是_____。

A. 集中存款准备金　　　　　　　B. 集中与垄断货币发行

C. 充当"最后贷款人"　　　　　　D. 代理国库

12. 世界上大多数的中央银行采用_____。

A. 单一型　　　　　　　　　　　B. 复合型

C. 准中央银行型　　　　　　　　D. 跨国型

13. 中央银行是国家的银行，它代理国库，集中_____。

A. 国库存款　　　　　　　　　　B. 团体存款

C. 企业存款　　　　　　　　　　D. 个人存款

14. 下列中央银行的行为和服务中，体现银行的银行职能的是_____。

A. 代理国库　　　　　　　　　　B. 给政府提供信贷

C. 集中商业银行的准备金　　　　D. 发行货币

15. 下列属于中央银行资产项目的有_____。

A. 流通中的货币　　　　　　　　B. 政府和公共机构存款

C. 政府债券　　　　　　　　　　D. 商业银行等金融机构存款

16. _____是中央银行作为银行的银行职能的体现，是中央银行对商业银行的主要服务性业务。

A. 货币发行　　　　　　　　　　B. 集中存款准备金业务

C. 代理发行和兑付国债　　　　　D. 清算业务

17. 中央银行贷款一般以_____为主，这是由中央银行的地位与作用决定的。

A. 长期贷款   B. 中长期贷款

C. 短期贷款   D. 无息贷款

18. 中央银行握有证券并进行买卖的目的不是_____。

 A. 盈利   B. 投放基础货币

 C. 回笼基础货币   D. 对货币供求进行调节

19. 以下不属于中央银行管理性业务的是_____。

 A. 金融调查统计业务   B. 对金融机构的检查业务

 C. 保管法定存款准备金 D. 对金融机构的审计业务

20. "维护支付、清算系统的正常运行"体现中央银行作为_____的
职能。

 A. 发行的银行   B. 银行的银行

 C. 充当最后贷款人   D. 政府的银行

（三）多项选择题

1. 中央银行的产生途径主要有_____。

 A. 从商业银行演变而来 B. 垄断货币的发行

 C. 票据清算的组织   D. 直接组建

2. 中央银行根据与政府的关系不同可分为_____。

 A. 美国模式   B. 英国模式

 C. 德国模式   D. 日本模式

3. 中央银行作为特殊的金融机构，其特殊性主要体现在_____。

 A. 中央银行不以盈利为目的

 B. 一般不与工商企业和个人发生业务关系

 C. 国家实行宏观调控和经济调控的主体

 D. 垄断货币发行权

4. 下列中央银行业务中，属于负债业务的有_____。

 A. 货币发行   B. 再贴现

 C. 集中存款准备金   D. 再贷款

5. 下列中央银行业务中，属于资产业务的有_____。

 A. 货币发行   B. 再贷款

 C. 再贴现   D. 外汇储备

6. 中央银行对外负债的主要目的有_____。

 A. 平衡国际收支   B. 维持汇率稳定

  C. 应付危机   D. 获得国际援助

7. 中央银行对外负债采取的形式主要有_____。

  A. 向外国银行借款   B. 在国际市场卖出黄金

  C. 对外国中央银行负债   D. 向国际金融机构借款

8. 中央银行的活动特点是_____。

  A. 不以盈利为目的   B. 不经营普通银行业务

  C. 制定货币政策   D. 享有国家赋予的种种特权

9. 中央银行作为银行的银行体现在_____。

  A. 集中存款准备金   B. 代理国库

  C. 最终贷款人   D. 组织全国的清算

10. 中央银行垄断货币发行权的重要意义有_____。

  A. 可避免货币发行分散的弊病，使钞票整齐划一

  B. 有利于国家对货币流通的管理，保证通货的稳定

  C. 有利于中央银行加强自身的经济实力

  D. 增加中央银行的权威性

11. 各国对中央银行业务的限制主要包括_____。

  A. 不得经营一般性银行业务

  B. 不得直接从事商业票据的承兑业务

  C. 不得从事商业性证券投资业务

  D. 一般情况下，不得向财政透支、直接认购包销国债和其他政府
   债券

12. 在下述中央银行的业务中，属于资产业务的项目有_____。

  A. 货币发行   B. 贷款和再贴现

  C. 证券买卖   D. 储备资产

13. 中央银行集中存款准备金的目的是_____。

  A. 保证商业银行和其他存款机构的支付和清偿能力

  B. 调节信用规模

  C. 控制货币供应量

  D. 为政府融资

14. 中央银行发行货币的渠道有_____。

  A. 再贴现   B. 贷款

  C. 购买证券   D. 收购金银和外汇

15. 中央银行的储备资产主要包括_____。

A. 黄金
B. 国际汇票
C. 外汇
D. 特别提款权

（四）简答题

1. 如何理解中央银行的独立性？
2. 中央银行有哪些基本职能？
3. 如何理解中央银行是"银行的银行"？
4. 中央银行的清算业务主要有哪些？
5. 与商业银行相比，中央银行的负债业务有哪些特点？

第七章　货币供求与均衡

【学习目的与要求】

通过本章学习，我们应了解货币需求的概念与理论、货币均衡的概念、货币供求与社会总供求的关系，理解并掌握商业银行和中央银行在货币供给中的作用、存款乘数、货币乘数及影响货币供给量的因素。

【学习重点与难点】

本章学习重点是主流学派的货币需求理论、货币乘数和存款乘数、货币供给模型，学习难点是对商业银行和中央银行在货币供给中的作用的理解。

【内容提示】

```
                              ┌─ 含义
              ┌─ 货币需求 ─┤
              │            │              ┌─ 传统货币需求理论
              │            └─ 货币需求理论 ─┼─ 凯恩斯学派的货币需求理论
              │                           └─ 弗里德曼的货币需求理论
 货币         │
 供           │            ┌─ 概念
 求  ─────────┼─ 货币供给 ─┼─ 银行体系与货币供给 ─┬─ 商业银行与货币供给
 与           │            │                      └─ 中央银行与货币供给
 均           │            └─ 货币供给模型
 衡           │
              └─ 货币供求均衡 ─┬─ 货币均衡与非均衡的含义
                              └─ 货币供求与社会总供求的关系
```

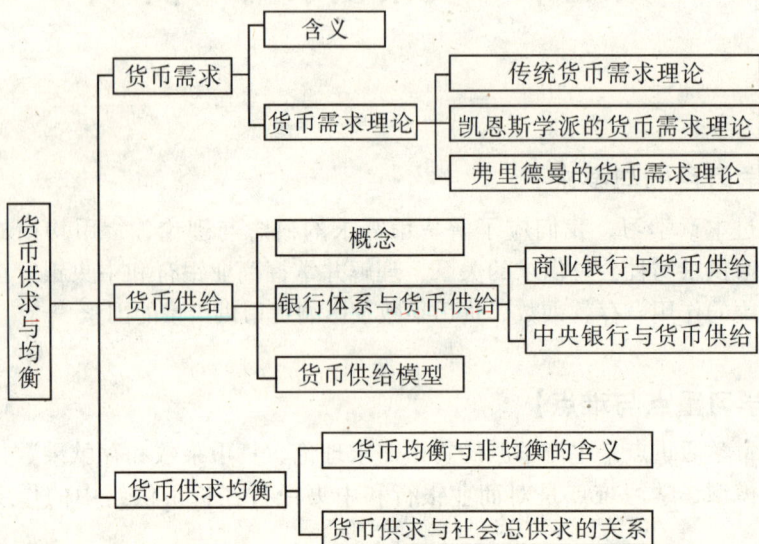

【思考题与解答要点】

1. 在金本位和不兑现信用货币制度下，货币供应量对商品价格的影响有何不同？为什么？

答：（1）在金本位制下，货币供应量不影响价格水平。因为在金本位制度下，铸币是足值的，可以自由地进入或退出流通。流通中的铸币量可以在价值规律下，自发地调节商品流通对货币的需求量。当流通中货币量大于需求量时，有相应数量的货币会退出流通；当流通中货币量小于需求量时，又有相应数量的货币会进入流通。因此，商品价格不会由于货币量的大量匮乏或严重过剩而出现大幅度波动。

（2）在不兑现信用货币制度下，货币供应量就会影响商品价格水平。这是因为不兑现信用货币没有内在价值，从而失去了自动调节本身数量的性能。流通中货币量与商品流通货币的需求量之间经常存在的差异，必然会引起商品价格的变动。这就是说，如果流通中货币量超过货币需要量，多余的货币不会退出流通，而是滞留在流通界，进而在商品价格上表现出来。亦即通过商品价格变动，原来过多的货币为流通所吸收，变成价格上升后货币需求量的组成部分。这样，货币供应量就会影响商品价格水平。

2. 简述马克思的货币需求理论的内容。

马克思的货币需求理论主要是关于货币需求量的论述。其基本观点是：在商品流通中，货币是交换的媒介，待售商品的价格总额决定了流通中所需要的货币数量。但单位货币可以多次作为商品交易的媒介，因此，由商品价格总额决定的货币量应当是货币流量而非存量。

用公式表示则是：

$$\text{执行流通手段的货币必要量}（M）= \frac{\text{商品价格总额}}{\text{货币流通速度}}$$

$$= \frac{\text{商品平均价格}（P）\times \text{待售商品数量}（T）}{\text{货币流通速度}（V）}$$

即 $M = \dfrac{P \cdot T}{V}$

上面这个公式具有重要的理论意义：

第一，该公式反映的是一种实际交易过程，因此反映的是货币的交易需求，即人们进行商品与劳务交换时所需要的货币量。

第二，该公式含有相对稳定的因果关系，即商品流通决定货币流通。根据马克思的劳动价值论，商品价格由其价值决定，而价值源于社会必要劳动。可见，商品价格是在流通领域之外决定的，商品带着价格进入流通，商品价格总额是一个既定的值，必要的货币量则由这一既定值来确定。

第三，因为商品价值决定其价格，故该公式表明的是金属货币流通条件下的那种货币数量不影响价格水平的情况。因为在金本位制度下，足值的铸币可以自发地调节商品流通对货币的需求量，商品价格不会由于货币量的大量匮缺或严重过剩而出现大幅度波动。

但当纸币流通时，没有内在价值的纸币一旦进入流通，就不可能再退出流通，也就失去了自动调节货币流通量的功能。商品流通所需求的金量是客观决定的，流通中无论有多少纸币也只能代表客观所需求的金量。如果纸币流通量超过了商品流通对货币的需求量，单位纸币就会贬值。流通中货币量与货币需求量经常存在差异，这必然引起商品价格发生变动。这种现象在现代经济中是显然存在的。从公式"单位纸币代表的金属货币量 =

流通中需要的金属货币量/流通中的纸币总额"可以明显看出纸币数量对货币币值，进而对物价的影响：商品价格水平会随纸币数量的增减而涨跌。

3. 什么是货币需求？试述凯恩斯与弗里德曼货币需求理论的主要内容。

答：从货币需求主体的角度来看，货币需求可分为微观货币需求与宏观货币需求。

微观货币需求是指个人、家庭或企业（或称各经济主体）在既定的收入水平、利率水平和其他经济条件下，从自己的利益、动机、持有货币的机会成本出发，考虑保持多少货币在手边最为合算或称效用最大（即机会成本最小，所得效用最大）的行为。可见，这是研究微观主体的行为及其对货币持有量的影响，故也有人将其称为个人货币需求。

宏观货币需求则是指一个国家或地区根据一定时期内经济发展的要求考虑的货币需求量。可见，这是研究宏观主体的行为，也有人将其称为社会货币需求。

（1）凯恩斯的货币需求理论认为，人们持有货币是出于三种动机：①交易动机；②预防动机；③投机动机。在这三种动机中，交易动机与预防动机与收入有关，与货币收入同向变动；投机动机与利率的变化有关，两者呈反方向关系。利率提高，出于投机动机的货币需求减少，反之则增加。凯恩斯货币需求理论强调利率对货币需求的重要影响。

（2）弗里德曼的货币需求理论认为，货币需求与总财富、财富构成、持有货币与其他资产的预期收益、影响货币需求的其他因素有关。其强调恒久性收入对货币需求的重要影响。

4. 什么是基础货币？它来源于哪个金融机构？

答：基础货币又称为高能货币，或强力货币（High Power Money）。它是指能创造存款货币的商业银行在中央银行的存款准备金（R）与流通于银行体系之外的通货（C）这两者的总和。前者包括商业银行持有的库存现金、在中央银行的法定准备金以及超额准备金。基础货币常表示为 B（或 H）＝ $R + C$，它是由中央银行的资产业务创造的。

5. 什么是货币供给量？商业银行和中央银行在货币供给中各起什么作用？

答：货币供给量是由公众手持通货与金融中介机构的活期存款构成，主要由银行体系供给。但商业银行与中央银行在货币供给中所起的作用是不同的，两者货币供给的增减变动都会影响货币供给总量的变动。

（1）商业银行在货币供给中的作用。商业银行创造货币是在它的资产负债业务中，通过创造派生存款形成的。商业银行作为经营货币信用业务的独立经济实体，为了获利，在吸收企业和居民个人的存款后，除了保留一部分现金准备（在现代，该比例一般由中央银行规定，故称法定准备金率）外，其余部分均可用来贷款或投资，多存可以多贷。在贷款以转账形式进行的条件下，客户取得银行贷款通常并不是立即提取现金，而是转入其在贷款行或另一家银行的存款账户，相应产生一笔存款，多贷可以多存。就整个商业银行系统来看，这种多存多贷、多贷多存的行为可以反复多次进行，从而多倍的存款就派生出来。由此可见，商业银行对货币供给量的影响是通过存款货币的创造（派生存款）实现的。

（2）中央银行在货币供给中的作用。中央银行作为货币供给的主体，主要通过调整和控制商业银行创造存款货币的能力及行为实现其在货币供给中的作用。

商业银行创造存款货币的能力虽受制于法定准备金率、超额准备金率、现金漏损率等因素，但首要的是视其在受信中所能获得的原始存款即准备金的数量而定。可以认为，商业银行原始存款的来源主要有二：一是吸收客户的存款，二是从中央银行取得贷款。如果整个社会的现金均已存入商业银行，并且商业银行最大限度地将其运用出去，或者流通中非银行部门及居民的现金持有量不变，那么，商业银行增加贷款从而创造存款货币的决定性因素便是中央银行提供给商业银行的贷款。这也就是说，只要中央银行不增加向商业银行的贷款，商业银行的准备金便难以再有增加，从而也无从去反复扩大贷款和创造存款。如果中央银行缩减或收回对商业银行等机构的信用支持，则必然引起商业银行准备金持有量的减少，并必将导致商业银行体系对贷款乃至存款的多倍收缩。所以，中央银行的信用规模直接决定着商业银行准备金的增减，从而决定着商业银行创造存款货币的能力。

因此，中央银行认为有必要改变货币供给量时，它就可以调整法定准备金率、再贴现率、再贷款规模，在公开市场上买卖有价证券。这些方式都将通过影响商业银行的准备金，从而对其创造或收缩存款货币的能力起作用。

此外，中央银行还掌握着对货币供给量中的另一部分——现金发行的控制权力。在现代银行制度下，中央银行被授权为唯一的货币发行机构。

但中央银行掌握现金的发行权并非意味着中央银行能够完全控制现金的发行数量，现金发行数量的多少最终取决于各经济部门对现金的需求量。在现金与存款货币可以完全自由转换的经济体中，使用 M_1 中的哪一种货币形式，取决于经济主体的意愿。经济活动主体需要较多的现金，表现为对商业银行提现量的增加，这使商业银行在中央银行的超额准备减少和流通中的现金增加；反之，则表现为商业银行的存款增加，流通中现金减少。可见，从整个过程来看，中央银行对现金发行的控制处于被动的位置。这也说明银行体系最终能向社会供给多少货币，取决于社会对货币的需求。

6. 货币供给量的影响因素有哪些？

答：货币供给的方程式是：$M_1 = B \cdot m_1$。其中，M_1 代表货币供应量，B 代表基础货币，m_1 代表货币乘数。其中基础货币受四组因素影响：对银行等金融机构的资产负债净额、对政府的资产负债净额、国外资产负债净额和其他资产负债净额。这四个净额的增加会引起基础货币增加，在其他条件不变的情况下，则货币供应量增加；相反地，基础货币减少，则货币供应量减少。影响货币乘数的因素有：现金漏损率、法定存款准备金率、超额准备金率、定期存款占活期存款的比例。通过以上分析我们得到：

$$M_1 = B \cdot m_1 = B \cdot \frac{c' + 1}{c' + e + r_d + r_t \cdot t}$$

该式表明了决定货币供给的诸因素及其对货币供给的影响。在该式中，中央银行可以调节和控制 B、r_d 和 r_t，但 c'、t 和 e 基本上取决于包括企业、单位、个人在内的社会公众和商业银行的行为。货币供给是由中央银行、商业银行和社会公众几个方面共同决定的。

7. 简述货币供给的外生变量与内生变量之含义。

答：（1）货币供给是外生变量，是指货币供给并不是由经济因素，由收入、储蓄、投资、消费等因素所决定的，而是由货币当局的货币政策决定的。其政策意义在于：如果肯定地认为货币供给是外生变量，则无异于说，货币当局能有效地通过对货币供给的调节而影响经济进程。

（2）货币供给是内生变量，是指货币当局的操作对货币供给的变动起不了决定性的作用，起决定作用的是经济体系中实际变量以及微观主体的经济行为等因素。其政策意义在于：如果认定货币供给是内生变量，那就等于说，货币供给总是要被动地决定于客观经济过程，而货币当局并不能有效地控制其变动。自然就是说，货币政策的调节作用，特别是以货币供给变动为操作指标的调节作用，有很大的局限性。

8. 什么是社会总需求？货币供给与社会总需求之间有什么关系？

答：社会总需求是指在一定的支付能力条件下，社会上对生产出来供最终消费和使用的物质产品和劳务的需求的总和，也就是社会的消费需求和投资需求的总和。

任何需求都是以一定的货币量来表现、作为载体的，故社会总需求决定于货币的总供给。总需求指的是有效需求，即有支付能力的需求，如果没有货币供给，有效需求就无从产生。因此，货币供给决定并制约社会总需求。货币供给增加，社会总需求增大；货币供给减少，社会总需求减少。货币供给量的变化在保持国民经济持续、稳定发展和维持社会总供给与社会总需求的平衡中起重要作用。如果货币供给过多，就会造成消费需求和投资需求的膨胀，从而导致通货膨胀；如果货币供给不足，则消费需求和投资需求就不能实现，致使经济萎缩。

【综合自测题】

（一）判断题

1. 在银本位制度下，商品的价格会由于货币量的大量匮乏或严重过剩而出现大幅波动。 （ ）

2. 费雪方程式又称现金交易说。 （ ）

3. 剑桥方程式是从微观角度分析货币需求的。 （ ）

4. 在凯恩斯的货币需求理论中，交易动机对货币的需求量与收入无关，与利率有关。 （ ）

5. 鲍莫尔的存货模型是对凯恩斯预防动机的货币需求理论的重大发展。 （ ）

6. 弗里德曼主张"相机抉择"的货币政策，凯恩斯主张"单一规则"的货币政策。 （ ）

7. 超额准备金率的提高会减小货币乘数。 （ ）

8. 基础货币不变，准备金率不变，货币供给量就会不变。 （ ）

9. 在货币乘数一定的条件下，基础货币量决定了货币供给的总量。 （ ）

10. 如果说"货币供给是内生变量"，则它是由中央银行的货币政策决定的。 （ ）

11. 一般来说，基础货币是中央银行不能够直接加以控制的，而货币乘数则是中央银行能完全控制的。（　　）

12. 若中央银行对商业银行的债权规模扩大，则基础货币量相应增加。（　　）

13. 只要具备了部分准备金制度，商业银行就可以创造派生存款。（　　）

14. 银行创造派生存款的过程就是创造实际价值量的过程。（　　）

15. 人们日常使用的货币供给概念，一般都是名义货币供给的概念。（　　）

（二）单项选择题

1. 在马克思的货币需求理论中，决定流通中货币量的因素不包括_____。

    A. 商品价格的水平　　　　　B. 市场利率

    C. 进入流通的商品数量　　　D. 货币的流通速度

2. 费雪认为商品价格水平 P 主要取决于_____。

    A. 货币流通速度 V 的变化　　B. 社会总产出

    C. 商品交易数量 T 的变化　　D. 货币数量 M 的变化

3. 剑桥方程式是_____。

    A. $MV = PT$　　　　　　　　B. $M = PT/V$

    C. $M = KPy$　　　　　　　　D. $M = L（Y）+ L（r）$

4. 凯恩斯认为，人们的货币需求依赖于收入水平不仅出于交易动机，而且还出于_____。

    A. 投机动机　　　　　　　　B. 储存价值

    C. 预防动机　　　　　　　　D. 投资目的

5. 一般情况下，当利率上升时，人们持有的货币量会_____。

    A. 上升　　　B. 下降　　　C. 不变　　　D. 不确定

6. 正常情况下，当利率上升时，债券的价格会_____。

    A. 下降　　　B. 不变　　　C. 上升　　　D. 不确定

7. 在"流动性陷阱"的情况下，增加货币供应量，利率会_____。

    A. 上升　　　B. 下降　　　C. 不确定　　　D. 不变

8. 根据现金交易说，当货币数量减少时会出现_____。

    A. 货币价值下跌，物价水平下降

B. 货币价值上升，物价水平下降

C. 货币价值下跌，物价水平上升

D. 货币价值上升，物价水平上升

9. 正常情况下，收入增加时，货币需求量会_____。

   A. 上升　　　B. 下降　　　C. 不确定　　　D. 不变

10. 狭义货币是指_____。

   A. M_2　　　B. M_1　　　C. M_0　　　D. M_3

11. 下列金融变量中，商业银行可以控制的是_____。

   A. 超额存款准备金率　　　　B. 定期存款比率

   C. 法定存款准备金率　　　　D. 现金漏损率

12. 在其他条件不变的情况下，中央银行降低存款准备金率，则商业银行信用创造能力将会_____。

   A. 不变　　　B. 上升　　　C. 下降　　　D. 不确定

13. 货币供应量是由_____构成。

   A. 公众手持的通货

   B. 金融中介机构的活期存款

   C. 公众手持的通货与商业银行的活期存款之差

   D. 公众手持的通货与商业银行的活期存款之和

14. 在其他条件不变的情况下，当中央银行在公开市场上卖出有价证券时，货币供应量将会_____。

   A. 不变　　　B. 下降　　　C. 上升　　　D. 不确定

15. _____认为货币供给将完全由货币当局的行为决定。

   A. 货币供给内生论者　　　　B. 货币供给外生论者

   C. 货币供给中性论者　　　　D. 都不是

（三）多项选择题

1. 与剑桥方程有关的代表人物有_____。

   A. 马歇尔　　B. 罗伯逊　　C. 凯恩斯　　D. 皮古

2. 凯恩斯认为人们形成货币需求的动机主要有_____。

   A. 投机动机　　　　　　B. 储存价值

   C. 交易动机　　　　　　D. 预防动机

3. 按照凯恩斯的货币需求理论，形成货币需求的决定因素是_____。

   A. 市场利率　　　　　　B. 收入

C. 恒久性收入　　　　　　　D. 价格水平的预期变动

4. 弗里德曼货币需求理论中的总财富包括_____。

A. 现有财富　　　　　　　　B. 人力财富

C. 非人力财富　　　　　　　D. 将来收入

5. 弗里德曼货币需求理论认为货币需求与_____因素有关。

A. 总财富

B. 财富构成

C. 持有货币和持有其他资产的预期收益

D. 价格水平的预期变动率

6. 基础货币包括_____。

A. 法定准备金　　　　　　　B. 超额准备金

C. 流通中的现金　　　　　　D. 定期存款

7. 影响商业银行创造派生存款能力的因素有_____。

A. 原始存款　　　　　　　　B. 财政存款

C. 法定存款准备金率　　　　D. 现金漏损率

8. 下列经济因素中，使商业银行持有较高超额准备金的是_____。

A. 央行贷款条件苛刻　　　　B. 经济处于上升周期

C. 市场利率上升　　　　　　D. 同业拆借不便

9. 商业银行创造存款货币应同时具备的条件是_____。

A. 部分准备金制度　　　　　B. 现金结算制度

C. 全部准备金制度　　　　　D. 非现金结算

10. 货币供给模型表明：M_1 是由_____决定的。

A. 中央银行　　　　　　　　B. 商业银行

C. 社会公众　　　　　　　　D. 世界货币基金组织

11. 影响现金漏损率的因素有_____。

A. 公众可支配收入的高低　　B. 市场利率

C. 非法经济活动　　　　　　D. 银行业的安危

12. 影响超额准备金率的因素有_____。

A. 保有超额准备金的机会成本大小

B. 借入超额准备金成本的大小

C. 公众可支配收入的高低

D. 经营风险和对资产流动性的考虑

13. 中央银行在货币供给中的作用，主要在于它调控商业银行的可用资金量，从而扩大或缩小商业银行的派生存款能力。中央银行的调控方式主要有_____。

A. 变动法定准备金率　　　　B. 变动再贴现率

C. 变动对商业银行的贷款额　　D. 买进或卖出有价证券

14. 在决定货币供给量及其增减变化的因素中，可由中央银行完全控制或基本能控制的因素有_____。

A. 公众手持现金对活期存款的比例

B. 基础货币

C. 法定活期存款准备金率和定期存款准备金率

D. 超额准备金率

15. 我国基础货币的投放渠道主要有_____。

A. 中央银行向金融机构贷款　　B. 中央银行向财政透支

C. 中央银行购买外汇　　　　　D. 中央银行购买黄金

（四）简答题

1. 简述费雪方程式与剑桥方程式的联系与区别。

2. 托宾模型主要解决了凯恩斯货币需求理论中的什么问题？

3. 影响现金漏损率的因素有哪些？

4. 简述影响商业银行持有超额准备金的因素。

5. 什么是"流动性陷阱"？在"流动性陷阱"下，货币政策有效吗？

6. 什么是货币乘数和存款乘数？它们之间有什么区别？

（五）计算题

1. 假定现金漏损率为20%，商业银行的超额准备金率为2%，定期存款占总存款的比率为10%，中央银行对活期存款和非个人定期存款规定的法定准备金率分别为15%和10%。试求活期存款乘数。

2. 某商业银行体系共持有准备金400亿元，公众持有的通货数量为100亿元，中央银行对活期存款和非个人定期存款规定的法定准备金率分别为15%和10%。据测算，流通中现金漏损率为25%，商业银行的超额准备金率为5%，而非个人定期存款比率为50%。试求：（1）货币乘数；（2）狭义货币供应量 M_1。

3. 根据下列数字，计算相关结果。

法定准备金比率=0.1，现金=2 000亿元，活期存款=8 000亿元，超额准备金＝400亿元。

（1）计算：超额准备金率、现金比率（现金漏损率）、货币乘数、法定准备金、准备金、基础货币。

（2）假定中央银行将存款的法定准备金率下调为0.08，基础货币不变，存款比率不变。计算：货币乘数、货币供给。

第八章　通货膨胀与通货紧缩

【学习目的与要求】

通过本章学习，我们应了解通货膨胀和通货紧缩的定义与衡量标准，掌握通货膨胀与通货紧缩产生的原因与效应，思考解决通货膨胀与通货紧缩的对策。

【学习重点与难点】

本章学习重点是正确理解通货膨胀与通货紧缩的成因与影响，学习难点在于掌握怎样有效地防止和解决通货膨胀与通货紧缩的方法。

【内容提示】

```
                              ┌─ 通货膨胀的定义
              通货膨胀的 ──────┤
              定义和类型        └─ 通货膨胀的衡量指标

                              ┌─ 需求拉上
              通货膨胀 ────────┤─ 成本推进
              的原因            ├─ 供求混合推进
                              └─ 结构因素

                                            ┌─ 促进论
              通货膨胀的 ──── 产出效应 ──────┤─ 促退论
              社会经济效应      │            └─ 中性论
通货                          └─ 收入分配效应
膨胀
和                            ┌─ 紧缩需求政策
通货    ──────                ├─ 物价与收入政策
紧缩          通货膨胀的 ──────┤─ 供给政策
              解决对策          ├─ 收入指数化政策
                              ├─ 其他政策
                              └─ 改革货币制度

                              ┌─ 通货紧缩的定义
              通货紧缩 ────────┤
                              └─ 通货紧缩理论
```

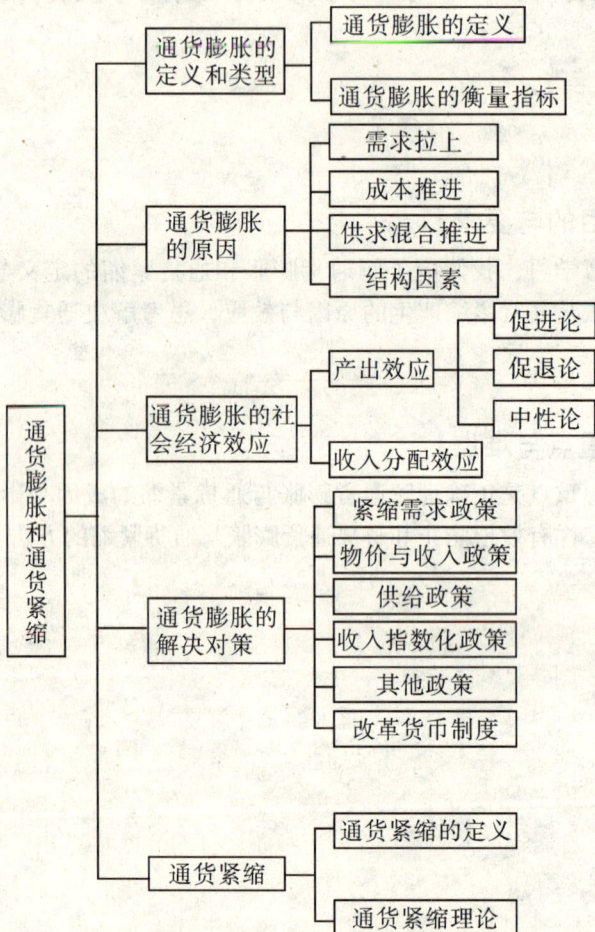

【思考题与解答要点】

1. 如何判断和测量通货膨胀与通货紧缩？

答：通货膨胀是一般物价水平持续上升的过程，也等于说，是货币价值持续贬值的过程。目前，各国编制的可以用来反映通货膨胀的物价指数的主要有消费物价指数、批发物价指数或生产者价格指数和国民生产总值平减指数等。

通货紧缩是指物价总水平的持续下降。一般来说，判断通货紧缩有两个标准：一是价格同比下降，二是货币供应量增长率下降或负增长。测量通货紧缩最理想的办法就是直接通过一般物价水平的变化来衡量，同样也可以使用上述指数。

2. 哪些因素有可能导致通货膨胀？

答：导致通货膨胀的因素一般有：

（1）需求拉上。需求拉上说认为经济生活中产生一般性的物价上涨，其直接原因来自于货币因素即货币的过量发行，如政府采用了扩张性财政与货币政策，增加了货币供给量，导致了总需求膨胀。当货币需求大于商品供给时，膨胀性缺口就形成了，从而引起物价上涨，导致通货膨胀。

（2）成本推进。成本推进理论认为，两方面的压力迫使生产成本上升：其一是实力强大的工会，他们强有力的活动迫使货币工资增长率超过劳动生产率的增长率；其二是垄断组织为追逐高额利润，通过制定垄断价格而人为地抬高价格。除了工资和利润两个因素以外，生产要素（原材料、中间产品等）也成为从供给方面引发通货膨胀的原因之一。

（3）供求混合推进。在通货膨胀过程中既有需求拉上，又有成本推进，即所谓的"拉中有推，推中有拉"。

（4）结构因素。结构失衡的核心思想是，在一个经济体的不同部门中，劳动生产率的增长率是不同的，而货币工资的增长率却是相同的。结构型通货膨胀理论的基本特征是强调结构因素对通货膨胀的影响。

3. 通货膨胀的社会经济效应如何？

答：关于通货膨胀对社会经济产生的影响，可以从产出、收入与社会财富的再分配来分析。

（1）通货膨胀对产出与经济增长的影响主要有促进论、促退论和中性论三种观点。①促进论认为，温和的通胀对经济增长具有一定的刺激作用，这主要是来源于：收入在政府与私人部门的再分配有利于经济增长；收入在工资和利润的再分配有利于经济增长；存在"货币幻觉"或通货膨胀未被充分预期；通货膨胀通过强制储蓄、扩大投资来实现增加就业和促进经济增长。②促退论认为，通货膨胀的消极作用主要是：降低储蓄、减少投资、造成外贸逆差。恶性通货膨胀会危及社会政治、经济制度的稳定，甚至令其崩溃。③中性论认为，出现通货膨胀时，社会公众通过各种信息作出对未来的预期。根据这种预期，他们就会对物价上涨作出合理的行为调整。这种行为调整将会使通货膨胀造成的各种影响均被相互抵消掉。

（2）收入分配效应。雇员吃亏，企业家得利；固定收入者吃亏，浮动收入者得利。此外，通货膨胀将债务的实际价值缩减，会使债务人得利，债权人吃亏；通货膨胀时，货币贬值，实际财富持有者得利，货币财富持有者受损。通货膨胀造成的这种收入分配是一种不公平的再分配。

4. 如何解决通货膨胀？

答：解决通货膨胀的措施有：

（1）紧缩政策。紧缩政策包括紧缩的财政政策和货币政策。紧缩性的财政政策主要是通过增加税收、减少财政支出等手段来限制消费和投资，抑制社会的总需求。其主要手段是：增加税收、削减政府支出、平衡财政预算、发行公债。紧缩性货币政策的核心是降低货币供应量增长率，以抑制社会总需求。其主要手段是：提高法定准备金率、提高再贴现率、卖出债券等。

（2）物价与收入政策。物价与收入政策是指政府在通货膨胀期间用来限制货币所得水平和物价水平的经济政策。所得政策的主要内容是：规定工资和物价水平增长率的标准、工资—价格指导、工资—物价管理、实行以纳税为基础的收入政策，即政府以税收作为奖励和惩罚的手段来限制工资—物价的增长。

（3）供给政策。供给政策的主要内容是：放宽产业管制、减税和改税、严格控制货币供给，支持一切紧缩措施，使货币发行量与经济增长同步。

（4）收入指数化政策。收入指数化是将工资、储蓄和债券的利息、租金、养老金、保险金和各种社会福利津贴等名义收入与消费物价指数紧密联系起来，使各种名义收入按物价指数滑动或根据物价指数对各种收入进行调整。

（5）其他政策，包括结构调整政策、反托拉斯和反垄断政策、人力政策。

（6）改革货币制度。如果一国的通货膨胀已经相当严重，整个货币制度已经处于或接近崩溃的边缘，上述种种措施已是杯水车薪、无济于事。此时，国家唯一的选择便是实行币制改革，即废除旧货币，发行新货币，并同时制定和实施一些可保持新货币稳定的政策措施。

【综合自测题】

（一）判断题

1. 通货膨胀发生时伴随着明显的物价上涨，因此通货膨胀与物价上涨是同一回事。　　　　　　　　　　　　　　　　　　　（　　）

2. 通货膨胀越严重，人们持有货币的机会成本越高。　　（　　）

3. 通货膨胀的收入分配效应使得雇员吃亏，企业主得利；债务人吃亏，债权人得利。　　　　　　　　　　　　　　　　　　（　　）

4. 收入指数化将工资、储蓄和债券的利息、租金、养老金、保险金和各种社会福利津贴等名义收入按物价指数滑动或根据物价指数对各种收入进行调整，这样能完全消除通货膨胀。　　　　　　　　　　　（　　）

5. 如果一国的通货膨胀已相当严重，整个货币制度已经处于或接近于崩溃的边缘，此时，国家唯一的选择便是实行币制改革，即废除旧货币，发行新货币，并同时制定和实施一些可保持新货币稳定的政策措施。

（　　）

6. 促退论认为，通货膨胀减少储蓄、减少投资以及造成外贸顺差。

（　　）

7. 凯恩斯认为，不是任何货币数量的增加都具有通货膨胀性质，也不能把通货膨胀仅仅理解为物价上涨。　　　　　　　　　（　　）

8. 通货膨胀与通货紧缩都对经济的长远发展不利。　　　（　　）

9. 通货紧缩是反恶性通货膨胀的有效手段和措施。　　　（　　）

10. 通货紧缩会使得实际利率有所提高，社会投资的实际成本小随之增加，从而产生减少投资的影响。　　　　　　　　　　　（　　）

11. 通货紧缩从本质上讲是一种货币现象。　　　　　　（　　）

12. 在通货膨胀时期，物价上涨，债务人受益，采用固定利率可在一定程度上消除通货膨胀对债权债务的影响。　　　　　　　（　　）

13. 如果人们能对通货膨胀率进行正确的预期，则可用相应降低借贷利率的方式来规避债权人的损失。　　　　　　　　　　　（　　）

14. 工资增长率的提高超过劳动生产率的提高引起的通货膨胀属于结构性通货膨胀。　　　　　　　　　　　　　　　　　　（　　）

15. 在社会未达到充分就业状态时，需求拉上型通货膨胀会造成物价

水平的上升，产出的增加。 （　　）

16. 高额的垄断利润导致的物价上涨，属于体制型通货膨胀。 （　　）

17. 成本推动型通货膨胀就是指工资推动的通货膨胀。 （　　）

18. 财政赤字导致的通货膨胀，属于需求拉上型通货膨胀。 （　　）

19. 通常认为，社会总供给与货币需求量之间呈正相关的关系。

（　　）

20. 反映一定时期普通消费者日常生活所需消费品价格动态的指数，称为消费物价指数。 （　　）

（二）单项选择题

1. 物价与收入政策的理论基础主要是＿＿＿＿＿。

   A. 成本推进型通货膨胀理论

   B. 需求拉上型通货膨胀理论

   C. 供求混合推进型通货膨胀理论

   D. "北欧模型"

2. 下列政策中不属于解决通货膨胀对策中的供给政策的是＿＿＿＿＿。

   A. 放宽产业管制

   B. 工资—价格指导

   C. 减税和改税

   D. 严格控制货币供给，支持一切紧缩措施，使货币发行量与经济
      增长同步

3. 在需求拉上型通货膨胀的过程中，随着产出的增加，通货膨胀的
程度取决于＿＿＿＿＿。

   A. 总需求曲线的斜率

   B. 总供给曲线的斜率

   C. 总供给曲线与总需求曲线的共同作用

   D. 其他因素

4. 通货膨胀的主要表现是＿＿＿＿＿。

   A. 猪肉价格的上涨　　　　　　B. 有价证券价格的上涨

   C. 工资水平的上升　　　　　　D. 各类商品和劳务价格的上涨

5. 在治理通货膨胀的过程中，下列不属于紧缩性货币政策的
是＿＿＿＿＿。

   A. 提高法定准备金率　　　　　B. 提高再贴现率

C. 增加税收　　　　　　　　D. 卖出债券

6. 实施供给政策的主要目的是_____。

A. 增加税收

B. 减税和改税

C. 限制垄断利润

D. 刺激生产和促进竞争，从而增加就业和社会的有效供给，平抑物价，抑制通胀

7. 在中国，收紧银根的核心是_____。

A. 提高法定准备金率

B. 降低货币供应量的增长率，以抑制社会总需求

C. 提高再贴现率

D. 卖出证券

8. 下列不属于通货紧缩的防范和解决措施的有_____。

A. 再膨胀政策　　　　　　　B. 增加财政公共支出

C. 提高税率　　　　　　　　D. 健全金融体系

9. 菲利普斯曲线说明，通货膨胀与失业率的关系是_____。

A. 正相关　　　　　　　　　B. 负相关

C. 相关　　　　　　　　　　D. 没有关系

10. 下列不是通货紧缩成因的是_____。

A. 货币政策紧缩

B. 生产力提高，过剩的生产能力

C. 货币政策扩张

D. 外部输入

11. 下列关于通货紧缩的影响说法不正确的是_____。

A. 通货紧缩将降低消费意愿，增加支出成本，导致资产组合管理发生剧烈的变化

B. 通货紧缩会产生分配不公现象、恶化债务、提高信贷中介成本，使企业的经营面临困难、银行不良贷款增加，导致银行体系崩溃

C. 通货紧缩往往伴随着证券市场的萎缩，使企业融资面临较大困难

D. 温和的或适度的通货紧缩会对经济活动产生积极的影响

12. _____产生于对"大萧条"的解释，该理论具有非常重要的地

87

位，后来成为研究通货紧缩的基础。

  A. 货币主义的通货紧缩理论

  B. 理性预期论

  C. 凯恩斯的通货紧缩理论

  D. 克鲁格曼的通货紧缩理论

13. 凯恩斯的通货紧缩理论认为资本主义之所以会发生世界生产过剩危机，产生失业与严重的通货紧缩，其根本原因在于_____。

  A. 资本主义市场经济模式 B. 政府对市场经济的放任

  C. 有效需求不足 D. 资本主义社会产业结构

14. "结构型通货膨胀说"的核心思想是_____。

  A. 不平衡增长模型 B. 成本推进模型

  C. 供求混合推进模型 D. 需求拉上模型

（三）多选题

1. 通货膨胀按其原因可分为_____。

  A. 需求拉上型通货膨胀 B. 成本推进型通货膨胀

  C. 供求混合推进型通货膨胀 D. 结构型通货膨胀

2. 通货膨胀的衡量指标包括_____。

  A. CPI B. WPI

  C. PPI D. GNPD

3. 国民生产总值平减指数的不足包括_____。

  A. 编制这种指数的资料难以搜集，在一些国民所得统计制度不发达的国家，这一指数无法编制

  B. 虽然包含范围较广，但不能反映所有资产价格的变动情况

  C. 该指标包括范围广，既包括商品，也包括劳务；既包括生产资料，也包括消费资料，因此能较全面地反映一般物价水平的趋向

  D. 该指标公布的次数少

4. 在通货膨胀中，会受益的经济主体是_____。

  A. 债权人 B. 债务人

  C. 以工资收入为主的人 D. 以浮动收入为主的人

5. 关于通货膨胀对产出与经济增长的影响，促进论认为_____。

  A. 收入在政府与私人部门的再分配有利于经济增长

B. 收入在工资和利润的再分配有利于经济增长

C. 存在"货币幻觉"或通货膨胀未被充分预期

D. 通货膨胀通过强制储蓄、扩大投资来实现增加就业和促进经济增长

6. 关于通货膨胀对产出与经济增长的影响，促退论认为_____。

A. 通货膨胀降低储蓄

B. 通货膨胀减少投资

C. 通货膨胀造成外贸顺差

D. 恶性通货膨胀会危及社会政治、经济制度的稳定，甚至令其崩溃

7. 在斯堪的纳维亚通货膨胀模型中，小国开放经济的通货膨胀率取决于_____。

A. 世界通货膨胀率

B. 开放部门的工资水平

C. 开放部门与非开放部门之间劳动生产增长率的差异程度

D. 开放部门与非开放部门在国民经济中各自所占的比重

8. 在解决通货膨胀的过程中，下列属于紧缩性财政政策的是_____。

A. 增加税收

B. 减少货币供给

C. 削减政府支出，平衡财政预算

D. 发行公债

9. 造成供给过剩型通货紧缩的原因是_____。

A. 商品相对过剩　　　　　B. 服务相对过剩

C. 技术创新　　　　　　　D. 生产率的提高

10. 成本推动型通货膨胀又可细分为_____引起的通货膨胀。

A. 预期推动　　　　　　　B. 财政赤字推动

C. 工资推动　　　　　　　D. 利润推动

11. 物价与收入政策的主要内容有_____。

A. 规定工资和物价水平增长率的标准

B. 工资—价格指导

C. 工资—物价管理

D. 减税和改税

12. 根据价格上涨的速度，通货膨胀可以分为_____。

  A. 稳步增长通货膨胀   B. 爬行通货膨胀

  C. 严重的通货膨胀   D. 恶性通货膨胀

13. 通货膨胀和失业的关系是_____。

  A. 短期内存在替代关系

  B. 短期内存在倒数关系

  C. 长期内存在倒数关系

  D. 长期内没有关系

14. 下列描述中，属于批发物价指数特点的是_____。

  A. 对商业周期反应敏感

  B. 资料容易搜集

  C. 根据制成品和原材料的批发价格编制的指数

  D. 范围广泛

15. 下列属于通货紧缩三要素定义的有_____。

  A. 物价水平的持续下降

  B. 货币供应量的持续下降

  C. 收入持续下降

  D. 经济衰退

16. 关于凯恩斯的通货紧缩理论及其发展，下列说法正确的有_____。

  A. 通货紧缩将使社会生产活动陷于低落，无论是通货膨胀还是通货紧缩，都会造成巨大的经济损害

  B. 凯恩斯从资本主义经济运行层面上如实地概括了社会"有效需求不足"的成因，进而在一定程度上科学地揭示了"大萧条"中通货紧缩的根本原因

  C. 当今世界上发生的通货紧缩不是由供给过剩造成，而是源于社会总需求的不足

  D. 通货紧缩和物价下跌是市场价格机制强制实现经济均衡的一种必然，更是"流动性陷阱"作用的结果

（四）简答题

1. 引起通货膨胀的原因有哪些？
2. 简述通货膨胀的社会经济效应。
3. 简述收入指数化政策的内容。
4. 简述通货膨胀的解决对策。

5. 简述凯恩斯的通货紧缩理论及其发展。

6. 简述通货紧缩的社会经济效应。

7. 简述通货膨胀的衡量指标及其特点。

第九章　货币政策

【学习目的与要求】

通过本章学习，我们应了解货币政策的概念以及目标，理解货币政策工具，掌握货币政策的传导机制，思考影响货币政策效果的因素有哪些。

【学习重点与难点】

本章学习重点是货币政策的目标、货币政策工具以及货币政策的中介目标与传导机制，学习难点在于对货币政策的中介目标特点、货币政策传导机制理论以及货币政策效果的理解。

【内容提示】

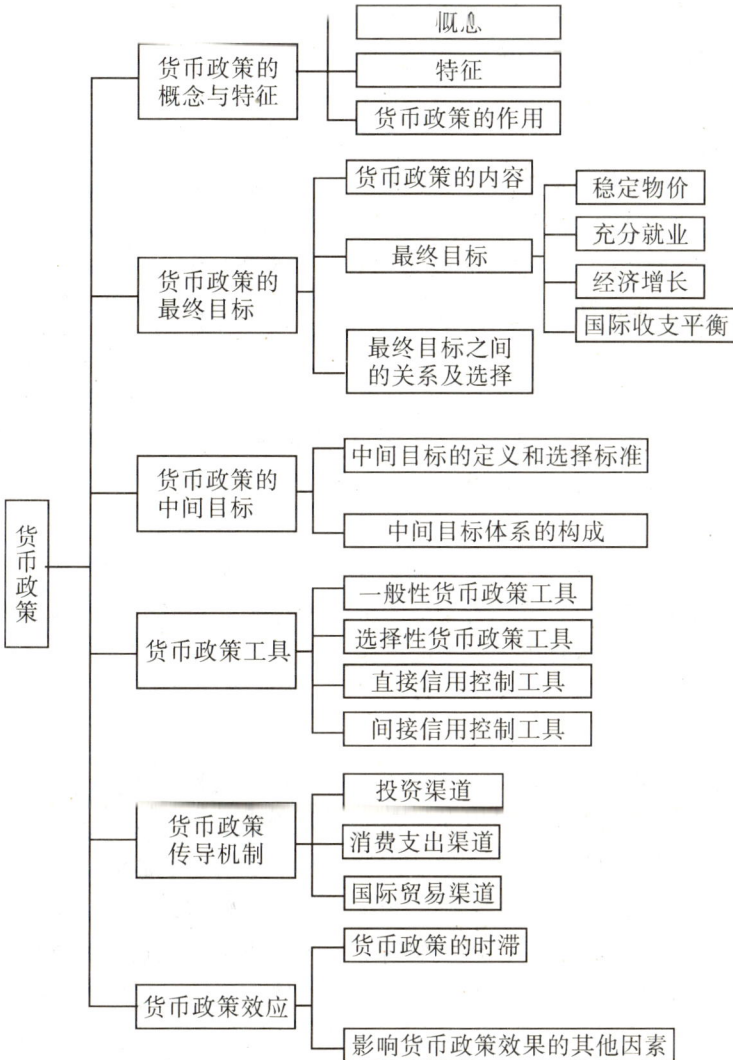

【思考题与解答要点】

1. 什么是货币政策？它有哪些构成要素？

答：货币政策是指一个国家的中央银行为实现一定的宏观经济目标而采取的各种控制和调节货币供应量和信用量的方针和措施的总和。

货币政策主要包括最终目标、中间目标、政策工具、传导机制、效果等五个方面的内容，这些构成了货币政策体系的总体框架。货币政策作为一个宏观金融调控的政策体系，具体来说，主要体现为信贷政策、利率政策和外汇政策。

2. 中央银行能同时实现四个最终目标吗？为什么？

答：货币政策的四个最终目标——稳定物价、充分就业、经济增长和国际收支平衡之间存在着对立统一的关系。从长期来看，各个目标之间具有一致性；但是，从短期来看，中央银行又很难使四个目标同时实现。

在各个目标之中，经济增长与充分就业之间存在绝对统一的正相关性。但是，从短期来看，货币政策各个目标之间又存在矛盾，这些矛盾主要体现在：

（1）稳定物价与充分就业之间的矛盾。若要降低失业率，增加就业人数，就必须增加货币工资。若货币工资增加过少，对充分就业目标就没有明显的促进作用；若货币工资增加过多，致使其上涨率超过劳动生产率的增长，就形成了成本推进型通货膨胀，必然造成物价与就业两项目标的冲突。

（2）稳定物价与经济增长之间的矛盾。就现代社会而言，经济的增长总是伴随着物价的上涨。经济增长要求总供给增加，而政府通过增加货币供应可以创造出总需求的增加，从而配合总供给的增加而实现经济的增长。从货币政策实施的具体实践来看，政府往往较多地考虑经济增长，刻意追求经济增长的高速度，往往采用了扩张信用和增加投资的办法，其结果必然是货币发行量增加和物价的上涨，使物价稳定与经济增长之间出现矛盾。

（3）稳定物价与国际收支平衡之间的矛盾。在一个开放型的经济中，中央银行稳定物价的努力往往会影响一个国家的国际收支平衡。比如在国内通货膨胀的情况下，央行通过减少货币供应量来抑制通货膨胀，但是这可能会造成利率的上升，从而导致资本内流，国际收支平衡被打破。另

【思考题与解答要点】

1. 什么是货币政策？它有哪些构成要素？

答：货币政策是指一个国家的中央银行为实现一定的宏观经济目标而采取的各种控制和调节货币供应量和信用量的方针和措施的总和。

货币政策主要包括最终目标、中间目标、政策工具、传导机制、效果等五个方面的内容，这些构成了货币政策体系的总体框架。货币政策作为一个宏观金融调控的政策体系，具体来说，主要体现为信贷政策、利率政策和外汇政策。

2. 中央银行能同时实现四个最终目标吗？为什么？

答：货币政策的四个最终目标——稳定物价、充分就业、经济增长和国际收支平衡之间存在着对立统一的关系。从长期来看，各个目标之间具有一致性；但是，从短期来看，中央银行又很难使四个目标同时实现。

在各个目标之中，经济增长与充分就业之间存在绝对统一的正相关性。但是，从短期来看，货币政策各个目标之间又存在矛盾，这些矛盾主要体现在：

（1）稳定物价与充分就业之间的矛盾。若要降低失业率，增加就业人数，就必须增加货币工资。若货币工资增加过少，对充分就业目标就没有明显的促进作用；若货币工资增加过多，致使其上涨率超过劳动生产率的增长，就形成了成本推进型通货膨胀，必然造成物价与就业两项目标的冲突。

（2）稳定物价与经济增长之间的矛盾。就现代社会而言，经济的增长总是伴随着物价的上涨。经济增长要求总供给增加，而政府通过增加货币供应可以创造出总需求的增加，从而配合总供给的增加而实现经济的增长。从货币政策实施的具体实践来看，政府往往较多地考虑经济增长，刻意追求经济增长的高速度，往往采用了扩张信用和增加投资的办法，其结果必然是货币发行量增加和物价的上涨，使物价稳定与经济增长之间出现矛盾。

（3）稳定物价与国际收支平衡之间的矛盾。在一个开放型的经济中，中央银行稳定物价的努力往往会影响一个国家的国际收支平衡。比如在国内通货膨胀的情况下，央行通过减少货币供应量来抑制通货膨胀，但是这可能会造成利率的上升，从而导致资本内流，国际收支平衡被打破。另

【内容提示】

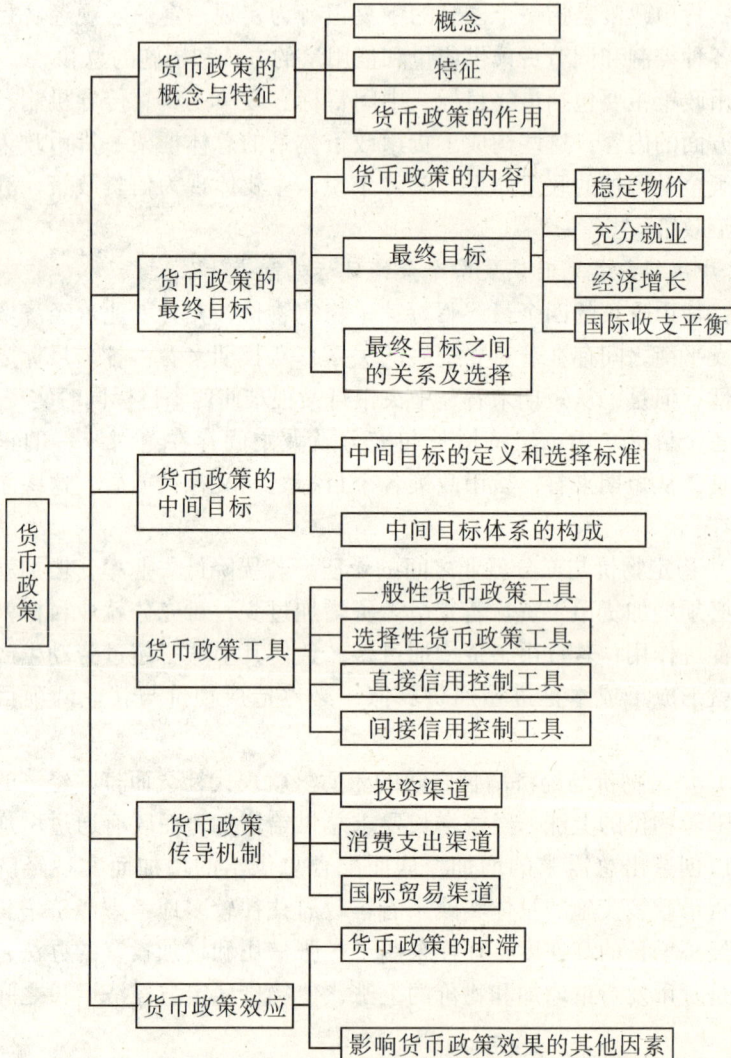

第九章　货币政策

【学习目的与要求】

通过本章学习，我们应了解货币政策的概念以及目标，理解货币政策工具，掌握货币政策的传导机制，思考影响货币政策效果的因素有哪些。

【学习重点与难点】

本章学习重点是货币政策的目标、货币政策工具以及货币政策的中介目标与传导机制，学习难点在于对货币政策的中介目标特点、货币政策传导机制理论以及货币政策效果的理解。

5. 简述凯恩斯的通货紧缩理论及其发展。

6. 简述通货紧缩的社会经济效应。

7. 简述通货膨胀的衡量指标及其特点。

特点是中央银行不容易对它进行控制，但它与最终目标的因果关系比较稳定，主要有利率与货币供给量；操作目标也称为近期目标，是离政策工具比较近但离最终目标比较远的金融变量，直接受政策工具的影响，其特点是中央银行容易对它进行控制，但它与最终目标的因果关系不太稳定，主要有基础货币与存款准备金。

4. 中央银行实现最终目标的工具有哪些？

答：中央银行的货币政策工具主要有：一般性货币政策工具、选择性货币政策工具和其他货币政策工具。

（1）一般性货币政策工具主要包括人们常说的"三大法宝"：存款准备金政策、再贴现政策和公开市场业务。由于一般性货币政策工具适用于金融领域的所有对象并且长期地、经常地被各国中央银行所使用，因此是中央银行调控的最重要的工具。

（2）选择性货币政策工具是指能影响银行系统的资金运用方向和不同信用的资金比率的各种措施。这些政策工具主要包括以下几类：消费者信用控制、证券市场信用控制、不动产信用控制 、优惠利率、预缴进口保证金。

（3）直接信用控制工具。直接信用控制是指中央银行根据有关法令，对银行系统创造信用的活动施以各种直接的干预，主要的干预措施有信用分配、最高利率限制、流动性比率等。

（4）间接信用控制工具。间接信用控制是指中央银行通过道义劝告、窗口指导等办法间接影响商业银行的信用创造。间接信用控制工具比较灵活方便，既可以对金融机构的某项业务活动进行劝告，也可以对整个金融活动发出劝告。

5. 什么是法定存款准备金政策？其效果和局限性如何？

答：法定存款准备金制度是指中央银行依据法律所赋予的权力，要求商业银行和其他金融机构按规定的比率在其吸收的存款总额中提取一定的金额缴存中央银行，以改变商业银行等金融机构的准备金数量和货币扩张乘数，从而达到间接控制金融机构的信用创造能力和货币供应量的目的。准备金占存款总额的比率被称为法定存款准备金率或存款准备金率，按法定准备金率提取的金额被称为法定存款准备金。

效果：①法定存款准备金率的调整有较强的告示效应，中央银行调整准备金率是公开的、家喻户晓的行动，并立即影响各商业银行的准备金头寸；②法定存款准备金率的调整有强制性，一经公布，任何存款性金融机外，调节国际收支不平衡的政策也可能会打破物价的稳定。比如在调节国际收支顺差的时候往往使用扩张的货币政策，降低利率，这导致货币供应量的增加，从而使物价上涨；而调节逆差时往往采用紧缩的货币政策，从而导致物价的下降。因此对两者任意一方的调节都会打破另一方的平衡。

（4）国际收支平衡与经济增长之间也存在矛盾。一国经济增长过快往往引起进口增加，随着国内经济的增长，国民收入及支付能力的增加通常会增加对进口商品的需求。如果该国的出口贸易不能随进口贸易的增加而相应增加，则必然会打破国际收支平衡。另外，要促进国内经济增长，就要增加投资，提高投资率。在国内储蓄不足的情况下，必须借助于外资，引进外国的先进技术，以此促进本国经济。这种外资的流入，必然带来国际收支中资本项目差额的变化，从而打破国际收支平衡。尽管这种外资的流入可以在一定程度上弥补贸易逆差所造成的国际收支失衡，但并不一定就能确保经济增长与国际收支平衡的齐头并进。另外，当国际收支出现逆差时，通常要压缩国内的总需求。随着总需求的下降，国际收支逆差可能被消除，但同时会带来经济的衰退，影响经济增长。

3. 试述货币政策中间目标的选择标准和种类。

答：货币政策的中间目标是指货币政策在执行过程中在短期内所能达到的目标，它是货币当局或中央银行能够直接控制作为货币政策控制变量的金融指标，同时央行还可以利用中间目标来观察货币政策实施的即期效果。

要使中央银行的货币政策中间指标有效地反映货币政策的效果，中央银行所选用的中间目标必须满足四个条件。一是可测性。这个条件的含义有两个：一方面体现为选取的中间目标必须有明确的定义，方便对其进行观察和分析，另一方面体现为中央银行可以迅速获取相关数据，从而便于进行定量分析。二是可控性。即该目标要对货币政策工具反应灵敏。三是相关性。即中间目标与最终目标应该有密切的、稳定的和统计数量上的联系。四是抗干扰性。中央银行在运用货币工具的时候常常会受到非政策性因素的干扰，所选择的货币政策中间目标最好能不受到非政策性因素的干扰而只反映货币政策因素的影响。理想的货币政策中间目标应当是资料能被迅速收集、对政策工具反应敏锐、与最终目标有明确的统计相关并能将政策性和非政策性效果明确区分。

货币政策的中间目标可分为中介目标和操作目标。其中中介目标也称为远期目标，是距离政策工具比较远但离最终目标比较近的金融变量，其构都必须执行；③法定存款准备金率的调整对货币供应量有显著的影响效果。局限性：法定存款准备金率的调整缺乏灵活性。正因为该货币政策工具有较强的告示效应和影响效果，它不能作为一项日常的调节工具，供中央银行频繁地加以运用。所以，作为一种货币政策工具，中央银行并不经常运用此工具。只有当中央银行打算大规模地调整货币供给，并且尽可能少地扰乱政府的有价证券市场时，改变法定存款准备金率才是较为理想的方法。

6. 什么是再贴现政策？它有哪些优缺点？

答：商业银行或其他金融机构以贴现所获得的未到期票据向中央银行所作的票据转让，称为再贴现。它是商业银行获取资金的一种融资方式。再贴现政策是指中央银行通过提高或降低再贴现率，影响商业银行从中央银行获得再贴现贷款的能力，进而达到调节货币供应量和利率水平的政策措施。

再贴现政策有其优点。就调整再贴现率而言，其作用主要有两个：一是影响商业银行或其他金融机构向中央银行借款的成本，借以影响商业银行准备金的数量，从而调节社会资金供求；二是产生告示的效果，以影响商业银行和其他金融机构及大众的预期。另外，再贴现政策对调整信贷结构有一定的效果。其方法主要有两种：一是中央银行可以规定并及时调整可用于再贴现票据的种类，从而影响商业银行的资金运用方向；二是对再贴现的票据进行分类，实行差别再贴现率，从而使货币供给结构与中央银行的政策意图相符。

再贴现政策亦有其缺点。①在实施再贴现政策过程中，中央银行处于被动等待的地位。商业银行或其他金融机构是否愿意到中央银行申请再贴现或借款，完全由商业银行及其他金融机构自己来决定。②该工具的灵活性较小。再贴现率的频繁调整会引起市场利率的经常波动，使大众和商业银行无所适从，若不经常调整再贴现率又不宜于中央银行灵活地调节市场货币供应量。因此，这一工具本身有被动、缺乏灵活性的特点。

7. 什么是公开市场业务？它有哪些优缺点？

答：公开市场业务是指中央银行在公开市场上买进或卖出有价证券（主要是政府债券）用以增加或减少货币供应量的一种政策手段。当金融市场上资金短缺时，中央银行通过公开市场业务买进有价证券，这相当于向社会投入一笔基础货币，以此增加货币供应量；相反，当金融市场上货币过多时，中央银行就通过公开市场业务卖出有价证券以达到回笼货币、收缩信贷规模、减少货币供应量的目的。

公开市场操作相对于其他货币政策工具有一些优势。①精确性。公开市场操作使中央银行能够对总的银行准备金和基础货币进行有力而准确的控制，尤其是计算出这些数字的周或月平均值更是这样。②灵活性。中央银行每天都在公开市场上买卖大量的政府债券。对中央银行来说，通过公开市场操作改变货币政策的基调，甚至完全调转方向都是很容易的。③主动性。如果中央银行要通过准备金、基础货币或超额准备金等变量来影响经济活动，那么这些变量的变化一定源于中央银行的政策决策，而不会受到外界因素的影响。公开市场操作就是这样主动进行的。

公开市场业务操作也有其局限性。①需要以发达的金融市场做背景。如果市场发育程度不够，交易工具太少，则会制约公开市场业务操作的效果。②必须有其他政策工具的配合。可以设想，如果没有存款准备金制度，这一工具是无法发挥作用的。

8. 什么是货币政策传导机制？

答：货币政策传导机制是中央银行利用货币政策工具、操作手段指标变量，达到货币政策最终目标的过程。更通俗地说，它就是中央银行执行货币政策后，通过什么样的途径达到货币政策的最终目标。货币政策实际上是总需求管理政策，除了政府支出不受中央银行货币政策影响之外，投资、消费和净出口都受到货币政策的影响。因此，货币政策传导机制可分为投资、消费和国际贸易三种传导机制。

9. 什么是货币政策时滞？它由哪些部分组成？

答：货币政策时滞是指从需要采取货币政策行动的情况出现开始，经过制定政策过程，直至政策部分乃至全部发挥效力的时间间隔。货币政策时滞的存在以及对政策实施效果的影响已被大多数国家所认可。货币政策时滞主要分为内部时滞和外部时滞两个部分。

内部时滞是指从政策开始制定到实施政策工具、中央银行采取行动为止的这段时间。其中又可细分为两个阶段：第一个阶段是认识时滞，它是指经济形势发生变化时，中央银行获得反映这种变化的各种资料并进行分析和研究，以确定货币政策意向所需要的时间；第二个阶段是行动时滞，它是指货币政策意向确定后，中央银行根据对经济活动变化规律及其后果等方面的分析，决定使用具体的政策工具所需要的时间。外部时滞是指从中央银行操作货币政策工具开始到对货币政策目标产生影响所经过的时间。外部时滞又可分为操作时滞和市场时滞。操作时滞是指从调整货币政策工具到对货币政策中介目标发生作用的时间。操作时滞的长短取决于商业银行和其他金融机构对中央银行政策变动的敏感程度、态度和反应能力。市场时滞是指从中间目标发生反应到其对最终目标产生作用所需要的时间。这一部分是企业和个人等微观主体对于货币政策中间目标变动进行的反应时间。

10. 影响货币政策效果的因素主要有哪些？

答：货币政策效果是一国中央银行推行货币政策之后所取得的实际效果，这个效果的体现往往需要一定的时滞。影响货币政策效果的因素主要有七个方面。①货币政策时滞。货币政策时滞是指从需要采取货币政策行动的情况出现开始，经过制定政策过程，直至政策部分乃至全部发挥效力的时间间隔。货币政策时滞主要分为内部时滞和外部时滞两个部分。②货币流通速度。③理性预期。④政治因素。⑤金融创新。⑥透明度和取信于公众的问题。⑦客观经济条件的变化。

【综合自测题】

（一）判断题

1. 货币政策是宏观经济政策，是以直接调控为主的政策。　　（　　）

2. 从整体上看，货币政策着眼于解决总量问题，而信贷政策着眼于解决结构问题，通过引导信贷投向，促进产业结构、产品结构调整。（　　）

3. 货币政策主要包括最终目标、中间目标、政策工具、传导机制、效果等五个方面的内容，这些构成了货币政策体系的总体框架。　　（　　）

4. 充分就业指社会上的劳动力全部就业或者完全就业，不存在失业的情况。　　　　　　　　　　　　　　　　　　　　　　　　（　　）

5. 我国目前使用的中介目标主要是利率。　　　　　　　　（　　）

6. 由于金融创新，目前许多西方国家在货币政策中介目标的选择上已经很少选择货币供应量了，改成要么用利率，要么直接用通货膨胀。

（　　）

7. 在一般性货币政策工具中，央行实施公开市场操作时具有较强的主动性。　　　　　　　　　　　　　　　　　　　　　　　　　（　　）

8. 法定存款准备金率的调整，不仅对货币供应量有显著的影响效果，而且本身具有灵活性。　　　　　　　　　　　　　　　　　　　（　　）

9. 货币政策的内部时滞，尤其是认识时滞，是一国中央银行的主观产

物，其时滞的长短往往取决于一国中央银行的整体效率。　　（　　）

10. 货币政策的实施，必须要考虑货币政策时滞的影响。　　（　　）

11. 消费者信用控制是商业银行对消费者购买消费品时发生的分期付款信用所采取的管制措施。　　（　　）

12. 存款准备金是中央银行最早使用的货币政策工具。　　（　　）

13. 货币政策四大目标之间存在矛盾，任何一个国家要想同时实现是很困难的，但其中物价稳定和充分就业是一致的。　　（　　）

14. 降低再贴现率能够引起货币供应量的增加。　　（　　）

15. 再贴现政策是中央银行最晚拥有的货币政策工具。　　（　　）

16. 物价稳定并不是指物价水平的静止不变。　　（　　）

（二）单项选择题

1. 在整个利率体系中起着主导作用的是＿＿＿＿＿。
   A. 央行的基准利率　　　　　　B. 市场利率
   C. 浮动利率　　　　　　　　　D. 限制利率

2. 各国的中央银行常常会把＿＿＿＿＿当成货币政策最主要的目标。
   A. 稳定物价　　　　　　　　　B. 充分就业
   C. 经济增长　　　　　　　　　D. 国际收支平衡

3. 中国货币政策的目标是＿＿＿＿＿。
   A. 促进经济增长
   B. 充分就业
   C. 国际收支平衡
   D. 保持人民币币值稳定，并以此促进经济增长

4. 下列不属于公开市场业务优点的是＿＿＿＿＿。
   A. 精确性　　　　　　　　　　B. 灵活性
   C. 主动性　　　　　　　　　　D. 可操作性

5. 关于托宾的 q 理论，下列说法不正确的是＿＿＿＿＿。
   A. 托宾发展了一个关于股票价格与投资支出之间的关系的 q 理论
   B. 如果 q 值大于 1，说明企业的市场价值高于资本的重置成本，建立新厂房和购买新设备的资本成本要低于收购同等规模企业的价值
   C. 如果 q 值小于 1，说明企业的市场价值低于资本的重置成本，建立新厂房和购买新设备的资本成本要高于收购同等规模企业的

成本

D. 如果 q 值小于 1，说明企业的市场价值高于资本的重置成本，建立新厂房和购买新设备的资本成本要低于收购同等规模企业的价值

6. 下列不属于直接信用控制工具的是＿＿＿＿＿＿。

A. 道义劝告　　　　　　　　B. 信用分配

C. 最高利率限制　　　　　　D. 流动性比率

7. 下列关于货币政策各个目标之间的矛盾性的说法，不正确的是＿＿＿＿＿＿。

A. 菲利浦斯曲线说明，当失业率较高时，货币工资增长率较高；反之，当失业率较低时，货币工资增长率较高

B. 就现代社会而言，经济的增长总是伴随着物价的上涨

C. 在一个开放型的经济中，中央银行稳定物价的努力往往会影响到一个国家的国际收支平衡。

D. 一国随着国内经济的增长，国民收入及支付能力的增加，通常会增加对进口商品的需要，如果该国的出口贸易不能随进口贸易的增加而相应增加，必然会打破国际收支平衡

8. 下列不属于再贴现政策作用的是＿＿＿＿＿＿。

A. 影响商业银行或其他金融机构向中央银行借款的成本，借以影响商业银行的准备金的数量，从而调节社会资金供求

B. 产生告示的效果，以影响商业银行和其他金融机构及大众的预期

C. 再贴现政策对调整信贷结构有一定的效果

D. 在实施再贴现政策过程中，中央银行处于被动等待的地位

9. 当中央银行实行紧缩的货币政策时，会＿＿＿＿＿＿法定存款准备金率。

A. 降低　　　B. 提高　　　C. 不调整　　　D. 不确定

10. 以利率作为传导机制的货币政策传导机制理论是＿＿＿＿＿＿的观点。

A. 凯恩斯学派　　　　　　　B. 货币主义

C. 理性预期学派　　　　　　D. 古典学派

11. 最猛烈且具有强制性的货币政策工具是＿＿＿＿＿＿。

A. 再贴现率　　　　　　　　B. 窗口指导

C. 公开市场业务　　　　　　D. 法定存款准备金

12. ＿＿＿＿＿＿的作用在于影响信用成本，从而影响商业银行的准备金，

以达到调整银根松紧的目的。

    A. 法定存款准备金   B. 再贴现政策

    C. 道义劝导   D. 超额存款准备金

13. 大多数国家认为，_____ 左右的物价上涨率可以使物价达到稳定的状态。

    A. 3%   B. 2%   C. 5%   D. 1%

（三）多项选择题

1. 货币政策作为一个宏观金融调控的政策体系，具体主要体现为_____。

    A. 信贷政策   B. 存款准备金政策

    C. 利率政策   D. 外汇政策

2. 物价稳定与充分就业之间的矛盾关系可用菲利浦斯曲线来说明，这条曲线说明_____。

    A. 当失业率较高时，货币工资增长率较低

    B. 当失业率较低时，货币工资增长率较高

    C. 当失业率较高时，货币工资增长率较高

    D. 当失业率较低时，货币工资增长率较低

3. 要使中央银行的货币政策中间目标有效地反映货币政策的效果，所选用的变量指标必须满足的条件是_____。

    A. 可测性   B. 可控性

    C. 相关性   D. 抗干扰性

4. 货币政策的中间目标可分为中介目标和操作目标，其中是中介目标的有_____。

    A. 利率   B. 基础货币

    C. 存款准备金   D. 货币供应量

5. 各国规定的存款准备金率各不相同，通常考虑以下几方面的因素_____。

    A. 活期存款的准备金率比定期存款的高，定期存款中期限短的比期限长的高

    B. 规模较小的银行提缴存款准备金的比率比大银行的低，存款规模金额小的比存款规模金额大的准备金率要低

    C. 一般在经济繁荣时期，为避免信贷过度扩张，引起通货膨胀，

就要提高存款准备金率

  D. 一般在经济停滞时期，为鼓励投资，需要放松银根，就要降低存款准备金比率

6. 货币政策的时滞主要分为_____。

  A. 内部时滞   B. 操作时滞

  C. 市场时滞   D. 外部时滞

7. 货币政策传导机制从消费者支出渠道分析包括_____。

  A. 利率与收入渠道   B. 财富效应

  C. 托宾的 q 理论   D. 流动性效应

8. 下列属于选择性货币政策工具的有_____。

  A. 消费者信用控制   B. 不动产信用控制

  C. 优惠利率   D. 信用分配

9. 决定经济增长的直接因素有_____。

  A. 投资量   B. 人口增长率

  C. 劳动量   D. 生产率

10. 下列关于国际收支平衡的说法正确的有_____。

  A. 国际收支平衡是指一个国家在一定时期对其他国家全部以货币衡量的收入和全部以货币衡量的支出相抵后达到基本平衡，即略有顺差或略有逆差

  B. 国际收支平衡是指一个国家在一定时期对其他国家全部以货币衡量的收入和全部以货币衡量的支出相抵后达到基本平衡，即没有顺差且没有逆差

  C. 一国的国际收支出现逆差，一般会引起本国货币汇率下降；若逆差严重，则会使本币汇率急剧跌落

  D. 国际收支长期大幅不平衡会对经济产生诸多不利影响，因此世界各国会利用财政政策进行调节

（四）简答题

1. 简述货币政策的特征与作用。

2. 如何选择货币政策的最终目标？

3. 简述再贴现政策的作用与局限性。

4. 简述货币政策中间目标的定义和选择标准。

5. 简述法定存款准备金率调整的特点。

第十章　金融危机与金融监管

【学习目的与要求】

通过本章学习，我们必须明确金融风险、金融创新和金融危机的含义、特征及其分类，掌握金融监管的基本理论、监管方法和手段，了解当今世界金融监管的发展及其趋势。

【学习重点与难点】

本章的学习重点是金融风险的成因、种类，金融创新及其与金融风险的关系，金融危机的含义、形成机制、特征及其分类，以及金融监管的基本理论、监管方法和手段。学习难点是金融风险的成因和金融危机的形成机制。

【内容提示】

```
                                    ┌─ 金融风险的含义及其特征
                          金融风险 ─┤
                                    └─ 金融风险的种类及其成因

                                    ┌─ 金融危机的含义、类型及其表现
                          金融危机 ─┤─ 金融危机的形成机制
                                    └─ 金融危机的防范及治理
   金融危机与
   金融监管 ─┤
                                    ┌─ 金融创新的含义
                          金融创新 ─┤─ 金融创新的动因及内容
                                    └─ 金融创新与金融风险

                                    ┌─ 金融监管的含义、要素与目的
                          金融监管 ─┤─ 金融监管的内容与方法
                                    └─ 金融监管的发展趋势
```

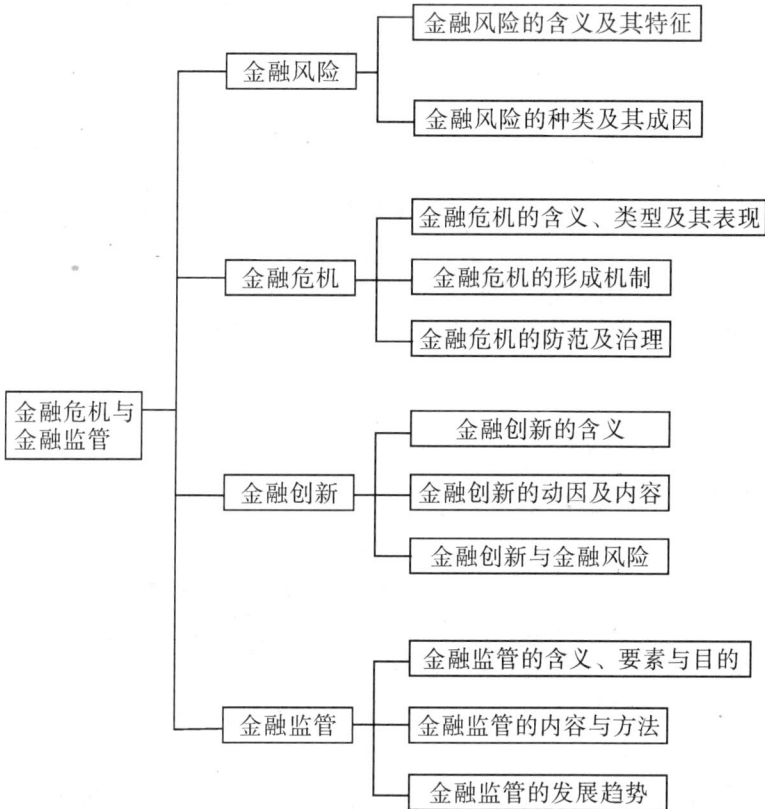

【思考题与解答要点】

1. 怎样理解金融风险？

答：基于对风险内涵和金融风险特点的考察，金融风险可以定义为：在一定条件下和一定时期内，由于金融市场中各种经济变量的不确定性造成实际结果偏离其期望结果，从而导致行为主体遭受损失的可能性。损失发生的大小与损失发生的概率是金融风险的核心参量。但是关于金融风险的具体定义，学术界仍然存在着诸多分歧。

2. 金融风险与金融危机的关系如何?

答:金融风险是指在一定条件下和一定时期内,由于金融市场中各种经济变量的不确定性造成实际结果偏离其期望结果,从而导致行为主体遭受损失的可能性。损失发生的大小与损失发生的概率是金融风险的核心参量。而金融危机是指以资产价值急剧下降,大批银行与金融机构相继倒闭,全部或大部分金融指标——短期利率、资产(金融资产、证券、房地产、土地)价格、商业破产数和金融机构倒闭数的急剧、短暂和超周期恶化等为特征的金融大动荡现象。

金融危机是把金融风险按照程度划分出来的一个类别,当全部或大部分金融指标在短期内急剧恶化,不良资产比例继续上升,本币贬值,资金外流,金融机构倒闭或被接管,各种援助措施已显困乏,金融秩序混乱,经济增长出现停滞时,金融风险就会转化为金融危机。

3. 金融风险有哪些类型?

答:按金融风险的成因,可将金融风险划分为八种类型:①信用风险;②市场风险;③操作风险;④流动性风险;⑤法律风险;⑥声誉风险;⑦国家风险;⑧环境风险。

按照金融风险的主体划分,可将金融风险划分为四种类型:①金融机构风险;②企业金融风险;③居民金融风险;④国家金融风险。

按照金融风险的性质划分,可将金融风险划分为两种类型:①系统性金融风险;②非系统性金融风险。

按照金融风险的范围划分,可将金融风险划分为宏观金融风险和微观金融风险。

按照金融风险的程度划分,可将金融风险划分为三种类型:①轻度金融风险;②严重金融风险;③金融危机。

4. 金融危机的形成机制及种类是什么?

答:金融危机与资本的跨国流动有着直接关系。在经济高速增长且有良好预期的情况下,投资以及信贷行为高度活跃是十分正常的。如果经济活动是健康的,投资可以依赖于生产增加得到回报,跨国的资金流动不致酿成灾难性的金融危机。金融危机的直接导因是银行的不良贷款过高,而不良贷款比例过高则是由于泡沫经济的破灭和产业发展政策的失误所致。泡沫经济的持续受两个因素影响:第一是可用来投资的资金总量大小,第二是社会对经济增长的实际预期和心理预期。一旦社会可动员的资金达到极限,社会上过多的资金被用于投机,生产性投资越来越少,生产的竞争力就会降低，经济增长会停滞，泡沫经济就会破灭，从而形成金融危机。

金融危机的类型主要包括：货币危机、银行危机、系统性金融危机、外债危机。

5. 金融创新的原因是什么？

答：金融创新绝对不单纯是一场行业变革、管理更新和机制的重建，科学技术革命和世界范围内的放松金融管制等都是金融创新的直接动因。这主要体现在：

（1）科学技术革命扩展了金融创新。

（2）放宽金融管制与金融自由化推动了金融创新。

（3）规避金融管制需要金融创新。

（4）为了减少利率与汇率变动的风险，需要金融创新。

6. 金融创新的主要内容有哪些？

答：金融创新的主要内容包括以下方面：

（1）传统业务创新。银行传统业务主要指负债业务、资产业务和表外业务，传统业务的创新主要反映在商业银行资产负债表以内的创新业务和脱离资产负债表的创新业务上。商业银行资产负债表以内的创新业务主要包括为避开金融法规与管制方面的创新业务、为开拓资金来源而推出的创新业务及为躲避风险而形成的创新业务。

（2）支付和清算方式创新。银行支付和清算系统的创新是电子计算机在金融领域运用所带来的最早的金融创新行为，也是从根本上提高银行经营效率、减低成本、提高利润水平最为关键的步骤，后来出现的各种各样的金融创新都是建立在此基础上的。

（3）金融机构创新。金融自由化促使金融机构从专业化向综合化方向发展，并为各种新金融机构的诞生创造了条件。第二次世界大战后，经济活动的实际内容发生变化，使得各金融机构突破原有的业务分工，在较大范围内开始综合经营，实行多种金融业务交叉，因而出现了大批新的金融机构。

（4）金融工具创新。在金融市场创新的同时，传统金融工具和融资方式开始创新，其创新发展趋势朝着证券化方向演进。在人们要求避免和分散风险以适应变幻莫测的经济形势的呼声中，金融期货市场、期权市场、互换市场等应运而生。与此同时，在传统的外汇市场上，外汇交易的创新也层出不穷。

（5）金融学科创新。在金融创新基础上发展起来的金融工程就是金融学科创新的典范。

7. 为什么要进行金融监管？其目的是什么？

答：20世纪30年代以来，金融监管问题一直是困扰着世界各国金融经济安全与稳定的重大问题之一。虽然在金融压抑与金融深化理论提出后，金融自由化浪潮全面展开，发达国家纷纷放松金融管制，金融创新层出不穷，发展中国家也先后开始了金融改革的进程。但20世纪90年代以后的一系列金融危机和2007年爆发并波及全球的美国次级贷款危机对金融自由化的理论与政策主张提出了严重的挑战，金融监管再次成为各国政府高度关注的共同话题。

金融监管的目的是控制金融业的整体风险，限制金融业的过度竞争；维护公平，保护存款人、投资者和社会公众的利益；保证金融业合法、稳健、高效地运行。

8. 金融监管的原则与方法有哪些？

答：为了实现金融监管的多元化目标，在金融监管的立法和实践活动中，一般需要遵循以下几点基本原则：①依法管理原则；②外部监管与内部自律相结合原则；③适度竞争原则；④社会经济效益原则。

各国金融监管主要运用法律手段、经济手段和行政处罚手段，并建有成套的系统性规章制度，创立了多种方式方法。从总体上看，各国的金融监管主要依据法律法规来进行，在具体监管过程中，主要运用金融稽核手段，"稽"就是审查，"核"就是认真地对照、考察、核算、核实。金融稽核是中央银行或金融监管当局根据国家规定的稽核职责，对金融业务活动进行的监督和检查。其具体采用"四结合"的全方位监管方法。

（1）现场稽核与非现场稽核相结合。现场稽核是指金融监管当局派员直接到被稽核单位，按稽核程序进行现场稽核检查；非现场稽核是指由被稽核单位按规定将各种报表、统计资料、记录等文件如期报送监管当局，稽核部门按一定程序和标准对其进行稽核分析。

（2）定期检查与随机抽查相结合。定期检查是按事先确定的日期进行稽核检查，被监管金融机构事先可知；随机抽查则是根据情况随时进行，随机抽查时不事先通知被监管金融机构。

（3）全面监管与重点监管相结合。全面监管是指对金融机构从申请设立、日常经营到市场退出的所有活动自始至终进行全方位的监管；重点监管是指在全面监管的基础上抓住关键问题或重要环节进行特别监管。

（4）外部监管与内部自律相结合。外部监管除了由官方的监管机构进行外，还包括社会性监管。社会性监管主要指来自协助监管的各种社会机构，如会计师事务所、审计师事务所、律师事务所、信用评级机构以及社会公众和新闻媒体的监督；内部自律一方面包括金融机构内部的自我控制机制，另一方面包括行业公会展开的同业互律，如各国的银行业公会、证券业公会、保险业公会等行业公会都通过共同制定行业活动准则，彼此约束和自我约束，保护行业共同的利益和良好的秩序，实现行业内部的互律性监管。

9. 金融风险的成因有哪些？

答：金融风险的主要成因大概有以下八种：

（1）信用风险。信用风险又称违约风险，是指债务人不能或不愿履行债务而给债权人造成损失的可能性，或是交易一方不履行义务而给交易另一方带来损失的可能性。信用风险是金融市场中最古老、最重要的金融风险形态之一，是现代市场经济主体面临的突出问题，它甚至会影响一个国家的宏观决策和经济发展，乃至影响全球经济的稳定。

（2）市场风险。这是指因市场价格（利率、汇率、证券价格和商品价格）的不利变动而使金融机构或其他经济主体表内和表外业务发生损失的风险。市场风险包括利率风险、汇率风险、证券价格风险、商品价格风险。

（3）操作风险。又称运作风险，是指由于不健全或失效的内部控制过程、人员和系统或是外部事件而给金融机构或企业造成损失的风险。

（4）流动性风险。这是指由于流动性不足给经济主体造成损失的可能性。保持良好的流动性，是金融机构和企业经营管理的一项基本原则。但这并不意味着流动性越高越好，也不意味着流动性资产越多越好。因为流动性与盈利性是有矛盾的，流动性越高，往往盈利性越低，金融机构和企业必须保持流动性与盈利性的平衡。

（5）法律风险。这是指金融机构或企业在经济活动中因法律方面的问题而引致的风险。法律风险主要来自两个方面：一是法律环境因素，包括立法不完备，执法不公正，合同相对人失信、违约、欺诈等；二是金融机构或企业自身法律意识淡薄，对法律环境认知不够，经营决策不考虑法律因素，甚至违规违法经营等。

（6）声誉风险。这是指由经济主体经营、管理及其他行为或外部事件导致利益相关方对其产生负面评价的风险。声誉风险通常是由声誉事件或重大声誉事件引起的。

（7）国家风险。这是指由于国家政治、经济、社会等方面的重大变化而给经济主体造成损失的可能性。国家风险有两个特点：一是国家风险发生在国际经济金融活动中，在一个国家范围内的经济金融活动不存在国家风险；二是在国际经济金融活动中，不论是政府、银行、企业还是个人，都可能遭受国家风险所带来的损失。

（8）环境风险。这是指金融活动的参与者面临的自然的、经济的、政治的和社会的环境的变化而带来的风险。金融机构或企业都是在一定环境下开展其经营活动的，环境变化给它们带来的损失可能是直接的，也可能是间接的。

【综合自测题】

（一）判断题

1. 预防和处置系统性金融风险是政府、中央银行和其他监管部门的重要职责。　　　　　　　　　　　　　　　　　　　　（　　）

2. 非系统性金融风险一旦发生，可能向整个经济金融领域扩散，从而转化为系统性金融风险。　　　　　　　　　　　　　（　　）

3. 中国尚无存款保险制度，我国储户的存款是不保险的。（　　）

4. 银行监管机构一旦发现某一银行有不安全的资产，可以宣布停止该银行风险过大的业务活动。　　　　　　　　　　　　（　　）

5. 只要有信用活动，就必然有信用风险；但是有债权债务关系，并非一定有信用风险。　　　　　　　　　　　　　　　（　　）

（二）单项选择题

1. 下列不属于微观金融风险的是_____。
   A. 利率风险　　　　　　　　　B. 流动性风险
   C. 信用风险　　　　　　　　　D. 外债风险

2. 货币危机的表现是某种货币持续性_____，或迫使当局_____外汇储备，大幅度地_____利率。
   A. 贬值；减少；降低　　　　　B. 升值；扩大；降低
   C. 贬值；扩大；提高　　　　　D. 贬值；减少；提高

3. 证券类监管的主要对象不包括_____。

　　A. 投资银行　　　　　　　B. 投资者

　　C. 证券经纪公司　　　　　D. 上市公司

4. 下列属于利率风险的是_____。

　　A. 会计风险　　　　　　　B. 吸收存款

　　C. 转换风险　　　　　　　D. 买卖风险

5. 在《巴塞尔协议》中，到1992年底，银行资本对风险加权资产的标准比率目标为_____，其中核心资本至少为_____。

　　A. 8%；4%　　　　　　　B. 10%；8%

　　C. 8%；5%　　　　　　　D. 5%；4%

6. 下列关于系统性金融风险和非系统性金融风险的说法正确的是_____。

　　A. 系统性金融风险不具有周期性和结构性

　　B. 系统性金融风险多是内生性的，所以不具有突发性和外部性

　　C. 非系统性金融风险仅仅是由于外部因素引起的，不包括内部因素

　　D. 非系统性金融风险积累到一定程度可以转化为系统性金融风险

7. 下列关于金融风险程度说法有误的是_____。

　　A. 轻度的金融风险表现为金融机构不良资产比重不超过8%

　　B. 轻度的金融风险并不需要中央银行采取较大的措施进行干预

　　C. 金融危机的严重程度高于严重金融风险

　　D. 严重的金融风险是全行业的危机，而轻度金融风险只是单个机构出现较大问题

8. 下列不属于金融危机类型的是_____。

　　A. 系统性金融危机　　　　B. 非系统性金融危机

　　C. 货币危机　　　　　　　D. 银行危机

9. 不属于《新巴塞尔资本协议》中三大支柱的是_____。

　　A. 最低资本要求　　　　　B. 资本充足性的监管约束

　　C. 市场约束　　　　　　　D. 市场审查

10. 实行统一监管的国家不包括_____。

　　A. 匈牙利　　　B. 卢森堡　　　C. 韩国　　　D. 瑞士

（三）多项选择题

1. 下列关于金融风险说法正确的是_____。

111

A. 金融风险是指金融行为的结果偏离其期望结果的可能性，是金融行为结果的不确定性

B. 金融风险是指在金融活动中，某些因素在一定时间内发生始料未及的变动，致使金融主体的实际收益与预期收益或实际成本与预期成本发生背离，从而蒙受经济损失的可能性

C. 在一定条件下和一定时期内，由于金融市场中各种经济变量的不确定性造成实际结果偏离其期望结果，从而导致行为主体遭受损失的可能性

D. 金融风险是指资本（包括真实资本和虚拟资本）在流动过程中由于一系列不确定因素而导致的价值或收益损失的可能性

E. 金融风险是指经济主体在从事资金融通活动中，由于决策失误、客观情况变化或其他原因使资金、财产、信誉遭受损失的可能性

2. 金融风险按照成因划分可以分为_____。

A. 系统性金融风险　　　　B. 金融机构风险

C. 国家风险　　　　　　　D. 环境风险

E. 流动性风险

3. 美国著名国际金融问题专家伯格斯坦提出的关于金融危机的预警指标主要包括_____。

A. 实际汇率

B. 资产价格

C. 实际国内生产总值的增长趋势

D. 货币发行量的增长情况

E. 外债所占份额

4. 下列属于银行业监管对象的是_____。

A. 信用合作社　　　　　　B. 典当行

C. 政策性银行　　　　　　D. 上市公司

E. 投资者

5. 下列关于金融监管说法有误的是_____。

A. 金融监管的基本方法是针对金融机构的具体行为制定相应的法规条例，并据此对金融机构实施常规的非现场检查和现场检查

B. 金融监管的目的是控制金融业的整体风险，限制金融业的过度竞争

C. 实施金融监管的机构并不具有国家强制性

D. 金融机构可分为银行和非银行金融机构两大类

E. 金融监管着眼于货币供给量和信贷总量及其结构，而金融控制则着眼于金融机构及其运作

6. 市场准入的监管内容主要包括_____。

A. 审查法定代表人及主要负责人的任职资格

B. 审查批准金融机构拟订的章程

C. 规定金融机构设立的组织形式

D. 确定金融机构设立的程序

E. 审查批准申请设立金融机构的可行性报告

7. 下列关于泡沫经济的说法正确的是_____。

A. 泡沫经济多指股市泡沫

B. 在泡沫经济中，现实价格在短时期内脱离物质生产实际状况而迅速飙升，与其资产的基础价值之间产生极大的偏差

C. 泡沫经济的形成主要是由于政府政策和体制因素，几乎没有市场因素的影响

D. "股票十月风潮"、"东南亚金融危机"都属于泡沫经济

E. 泡沫经济能否持续下去主要是看可用来投资的资金总量大小以及社会对经济增长的实际预期和心理预期

8. 市场运作过程的监管主要包括_____。

A. 存款保险制度和紧急援助

B. 资产质量的监管

C. 盈利能力和利润分配行为的监管

D. 流动性的监管

E. 资本充足性的监管

9. 金融风险的特性主要包括_____。

A. 特殊性　　　　　　　　B. 广泛性

C. 可传递性　　　　　　　D. 可控制性

E. 双重性

10. 下列属于宏观金融风险的是_____。

A. 流动性风险　　　　　　B. 信用风险

C. 外债风险　　　　　　　D. 国家风险

E. 利率风险

（四）简答题

1. 金融风险有哪些特性？请分别阐述。

2. 如何防范和应对金融危机？

3. 《巴塞尔协议》的主要内容有哪些？

4. 简述金融危机的形成机制。

5. 金融监管的主体和客体分别是什么？

6. 金融监管的主要目标和原则有哪些？

模拟试题（一）

一、名词解释（15 分，答案写在本题空白处）

1. 货币制度
2. 金融风险
3. 商业银行
4. 中央银行
5. 货币乘数

二、判断题（20 分，全打"√"或全打"×"为 0 分）

1. 物物交换必须满足两个基本条件：需求的双重巧合和时间的双重巧合。（　　）

2. 在金属货币制度下，辅币可以自由铸造与自由熔化。（　　）

3. 私有财产的出现是借贷行为发生的前提条件。（　　）

4. 一般情况下，基准利率的变动会引起其他利率的变动。（　　）

5. 金融市场的交易工具指的是作为债权债务关系载体的各类金融工具，但并不包括票据。（　　）

6. 欧式期权只允许期权持有者在到期日当天行使期权。（　　）

7. 金融中介存在的一大作用是大大减少了金融交易中的交易和信息成本。（　　）

8. 投资银行也可以成为为工商企业和其他客户提供贷款以及从事短期投资的金融中介。（　　）

9. 商业银行是一种具特殊性的企业，其经营的对象是货币这种特殊的商品。（　　）

10. 商业银行最基本的职能是充当信用中介。（　　）

11. 中央银行对独立性的要求使其必须完全独立于政府之外。（　　）

12. 中央银行发行债券可以增加金融系统中的流动性，紧缩货币供

应量。 （　　）

13. 超额准备金的增加会缩小货币乘数。 （　　）

14. 基础货币不变，准备金率不变，货币供给量就会不变。 （　　）

15. 促退论认为，通货膨胀减少储蓄、减少投资以及造成外贸顺差。

（　　）

16. 通货膨胀发生时会伴随着明显的物价上涨，因此通货膨胀与物价上涨是同一回事。 （　　）

17. 货币政策是宏观经济政策，是以直接调控为主的政策。 （　　）

18. 充分就业指社会上的劳动力全部就业或者完全就业，不存在失业的情况。 （　　）

19. 金融风险中的系统风险是政府、中央银行和其他监管部门无法预防的。 （　　）

20. 中国尚无存款保险制度，我国储户的存款是不保险的。 （　　）

三、单项选择题（20分）

1. 货币在发挥 _____ 职能时，可以使用观念上的货币。
   A. 支付手段 　　　　　　　　B. 流通手段
   C. 贮藏手段 　　　　　　　　D. 价值尺度

2. 以金币为本位币，但并不铸造和流通金币，银行券只能兑换金块的货币制度是_____。
   A. 金本位制 　　　　　　　　B. 信用货币制度
   C. 金汇兑本位 　　　　　　　D. 金块本位

3. 现代信用体系的主体是_____。
   A. 银行信用 　　　　　　　　B. 商业信用
   C. 国家信用 　　　　　　　　D. 消费信用

4. 在物价上涨的条件下，要保持实际利率不变，应把名义利率_____。
   A. 保持不变 　　　　　　　　B. 与实际利率对应
   C. 调高 　　　　　　　　　　D. 调低

5. 商业汇票通过_____可以流通转让。
   A. 承兑　　　　B. 贴现　　　　C. 背书　　　　D. 贴水

6. 在以下各种金融工具当中，属于原生金融工具的是_____。
   A. 远期期货 　　　　　　　　B. LIBOR

C. 金融期货 D. 汇票

7. 在银行体系中处于核心地位的是_____，处于主体地位的是_____。

    A. 投资银行、中央银行 B. 商业银行、政策性银行

    C. 中央银行、专业银行 D. 中央银行、商业银行

8. 下列金融机构不属于商业银行的是_____。

    A. 中国工商银行 B. 香港汇丰银行

    C. 中国国家开发银行 D. 中国银行

9. 下列哪个国家的商业银行属于全能型商业银行_____。

    A. 美国 B. 德国 C. 英国 D. 中国

10. 商业银行经营证券投资业务最初的目的是保持资产的_____。

    A. 盈利性 B. 安全性 C. 流动性 D. 多样性

11. 下列_____不是中央银行的职能。

    A. 发行的银行 B. 政府的银行

    C. 企业的银行 D. 银行的银行

12. 中央银行若提高再贴现率，将使商业银行_____。

    A. 降低贷款利率 B. 提高贷款利率

    C. 降低存款利率 D. 无影响

13. 下列金融变量中，商业银行可以控制的是_____。

    A. 超额存款准备金率 B. 定期存款比率

    C. 法定存款准备金率 D. 现金漏损率

14. 如果中央银行降低存款准备金率，则商业银行信用创造能力将会_____。

    A. 不变 B. 上升 C. 下降 D. 不确定

15. 通货膨胀的主要表现是_____。

    A. 猪肉价格的上涨 B. 有价证券价格的上涨

    C. 工资水平的上涨 D. 各类商品和劳务价格的上涨

16. 在治理通货膨胀的过程中，下列不属于紧缩性货币政策的是_____。

    A. 提高法定准备金率 B. 提高再贴现率

    C. 增加税收 D. 卖出债券

17. 下列不属于直接信用控制工具的是_____。

    A. 道义劝告 B. 信用分配

C. 最高利率限制   D. 流动性比率

18. 下列不属于公开市场业务优点的是_____。

    A. 精确性   B. 灵活性

    C. 主动性   D. 强制性

19. 在《巴塞尔协议》中，到1992年底，银行资本对风险加权资产的标准比率目标为_____，其中核心资本至少为_____。

    A. 8%；4%   B. 10%；8%

    C. 8%；5%   D. 5%；4%

20. 下列不属于微观金融风险的是_____。

    A. 操作风险   B. 流动性风险

    C. 信用风险   D. 外债风险

四、填空题（10分）

1. 在信托关系中，一般受益人和_____不能为同一个人。

2. 商业信用有_____和_____两种形式。

3. 在欧洲，职能分工型的银行以_____国为代表，而全能型的银行以_____国为代表。

4. 单一制商业银行以_____国为代表，分支行制商业银行以_____国为代表。

5. 信用的基本特征有_____、_____和_____。

五、简答题（30分）

1. 金属本位币有什么特点？

2. 银行信用为什么比商业信用更优越？

3. 中央银行有哪些职能？

4. 金融风险有哪些特性？

5. 简述货币政策的特征与作用。

六、论述题（15分）

决定和影响利率的主要因素有哪些？

模拟试题（二）

一、单项选择题（每小题 1 分，共 20 分）

1. 某公司以延期付款方式销售给某商场一批商品，该商场到期偿还欠款时，货币执行_____职能。
   A. 支付手段　　　　　　　　B. 流通手段
   C. 购买手段　　　　　　　　D. 贮藏手段

2. "劣币驱逐良币"是_____下出现的一种现象。
   A. 金本位制　　　　　　　　B. 金银复本位制
   C. 信用货币制度　　　　　　D. 银本位制

3. _____不是我国的政策性银行。
   A. 国家开发银行　　　　　　B. 中国进出口银行
   C. 中国农业银行　　　　　　D. 中国农业发展银行

4. 银行金融中介不包括_____。
   A. 中央银行　　　　　　　　B. 商业银行
   C. 政策性银行　　　　　　　D. 投资银行

5. 《巴塞尔协议》规定，截至 1992 年底，银行的自有资本对风险资产总额的比率必须达到_____。
   A. 8%　　　　　B. 6%　　　　　C. 5%　　　　　D. 4%

6. 有价证券的二级市场是指_____。
   A. 货币市场　　　　　　　　B. 资本市场
   C. 证券发行市场　　　　　　D. 证券流通市场

7. 通货膨胀下的物价上涨是指_____。
   A. 物价局部上涨　　　　　　B. 物价暂时上涨
   C. 一般物价水平上涨　　　　D. 劳务价格上涨

8. _____的成立，标志着现代银行制度的建立。
   A. 瑞典银行　　　　　　　　B. 威尼斯银行

  C. 英格兰银行   D. 荷兰银行

9. 银行不运用负债资金为客户代办的业务是_____。

  A. 负债业务   B. 资产业务

  C. 中间业务   D. 国际业务

10. 我国目前实行的中央银行体制属于_____。

  A. 准中央银行制   B. 复合中央银行制

  C. 跨国中央银行制   D. 单一中央银行制

11. 属于商业银行负债业务的是_____。

  A. 存款   B. 金融租赁

  C. 贴现   D. 代理

12. 消费信用控制属于_____。

  A. 一般性货币政策工具   B. 直接信用控制工具

  C. 间接信用控制工具   D. 选择性货币政策工具

13. 下列有价证券中流动性最强的是_____。

  A. 政府公债   B. 国库券

  C. 优先股   D. 普通股

14. 商业银行向中央银行办理票据贴现业务时所使用的利率称作_____。

  A. 存款利率   B. 贷款利率

  C. 再贴现利率   D. 市场利率

15. 货币供给的主体是_____。

  A. 公司   B. 银行体系

  C. 个人   D. 家庭

16. 我国的货币层次划分一般将现金划入_____。

  A. M_0 B. M_1 C. M_2 D. M_3

17. 名义利率、实际利率和通货膨胀率三者之间的关系可表述为_____。

  A. 实际利率 = 通货膨胀率 + 名义利率

  B. 实际利率 = 名义利率 + 通货膨胀率

  C. 名义利率 = 实际利率 − 通货膨胀率

  D. 名义利率 = 实际利率 + 通货膨胀率

18. 在证券交易所内进行的交易称为_____。

  A. 场内交易   B. 场外交易

  C. 柜台交易   D. 第三市场交易

19. 货币执行支付手段职能的特点是_____。

  A. 货币是商品交换的媒介

  B. 货币运动伴随着商品运动

  C. 货币是一般等价物

  D. 货币作为价值的独立形式进行单方面转移

20. 垄断货币发行权，是央行作为_____的体现。

  A. 银行的银行   B. 国家的银行

  C. 监管的银行   D. 发行的银行

二、判断题（在括号里打"√"或"×"，每小题 1 分，共 20 分)

1. 股票价格指数衡量的是个股行情。   （ ）

2. 在对金融机构的资信评级中，贷款的客户集中程度越高，信用等级就越高。   （ ）

3. 通货紧缩是指物价总水平的持续下降。   （ ）

4. 中国银行是香港地区三家发钞行之一。   （ ）

5. 纸币具有自发调节货币流通量的功能。   （ ）

6. 商业银行的经营原则是把流动性放在首位。   （ ）

7. 行为目标的非盈利性是政策性银行的基本特征之一。（ ）

8. 基础货币是货币政策的最终目标之一。   （ ）

9. 商业银行发行金融债券属于其负债业务。   （ ）

10. 紧急援助是金融监管的主要内容之一。   （ ）

11 货币层次划分的主要标准是流动性。   （ ）

12. 最早的商业银行管理理论是负债管理理论。 （ ）

13. 在一个国家或地区的金融监管组织机构中居于核心位置的是中央银行或金融管理局。   （ ）

14. 存在于农工商企业相互之间的信用是银行信用。 （ ）

15. 存款货币是指支票货币。   （ ）

16. 在金属货币制度下一般不会发生通货膨胀，这是因为金属货币具有自发调节货币流通的功能。   （ ）

17. 菲利普斯曲线所揭示的经济运行中的一对矛盾是稳定物价与经济增长。   （ ）

18. 在平均利润率一定的条件下，利率水平的高低主要取决于市场

利率。 （　　）

19. 国家以债务人的身份筹集资金的借贷形式是指消费信用。（　　）

20. 票据到期前，票据付款人或指定银行确认票据记明事项，在票面上作出承诺付款并签章的行为称为贴现。 （　　）

三、计算题（共 1 题，共 10 分）

某投资者第一年以 9 500 元的市价购买了一张期限为 10 年、面值为 10 000元、票面年利息为 50 元的债券，并持有到期满。试分别计算其当期收益率和平均收益率。

四、简答题（共 3 题，每题 10 分，共 30 分）

1. 商业银行的业务分为哪几类？分别包括哪些具体业务？

2. 中央银行有哪些职能？

3. 请从金融市场的功能等方面解释，为什么各国都要大力发展金融市场？

五、分析论述题（共 1 题，共 20 分）

材料如下：

2012 年 4 月 9 日，我国国家统计局公布了 3 月份宏观经济数据，CPI 同比上涨3.6%。其中，城市上涨3.6%，农村上涨3.6%；食品价格上涨7.5%，非食品价格上涨1.8%；消费品价格上涨4.4%，服务项目价格上涨1.5%。从一季度看，全国居民消费价格总水平比去年同期上涨3.8%。如果要评选一个居民消费关键词，那肯定非"涨价"二字莫属。最近几年，"柴米油盐酱醋茶"无一不涨，直接刺痛了居民的神经，网络也出现了一些新名词，如"豆你玩"、"蒜你狠"、"姜你军"、"糖高宗"、"油不得"等，深刻反映了物价的现状。在一切皆涨，唯有工资原封不动的年月，"能省就省"成为王道。货比三家，搜罗特价商品；趁低吸纳，囤积日用品，团购批发生活用品；以其他东西替代涨价物品，力图将生活成本降到最低……涨价大潮正催生着各种各样精打细算的族群。囤油囤面的"海囤族"要囤的也不是生活必需品，而是一种安全感，抠抠族、"海囤族"也折射出了民生的焦虑状态。这场与 CPI 的"民间赛跑"，究竟是否必要？涨价蔓延至终端商品，食品价格成为未来物价的"疑问手"，不仅是中国，全球范围内的粮价、菜价都在不断攀升。杰富瑞金融公司的数据显示，全球肉价涨至 20 年来的最高值。同时，食用油价格上涨近 20%、食糖上涨 55%。这些大宗农产品价格的上涨直接导致下游产业链产品的价格上涨，如面包、蛋糕、巧克力、饼干的价格纷纷上涨，有的企业不得不采取不涨价但减量的做法来减少成本。

请结合上述材料谈谈通货膨胀产生的成因以及如何解决通货膨胀。

参考答案

第一章　货币

【综合自测题参考答案】

（一）判断题

1. √　2. ×　3. √　4. √　5. ×　6. ×　7. ×　8. ×　9. √　10. ×
11. ×

（二）单项选择题

1. A　2. C　3. C　4. D　5. B　6. C　7. D　8. C　9. B　10. D
11. D　12. B

（三）多项选择题

1. ABCD　2. ABCD　3. ABD　4. AB　5. AC　6. BD　7. ABCD
8. ABC　9. BCD　10. ABCD　11. ACD　12. ABD　13. ABCD

（四）简答题

1.（1）货币贮藏主要采取两种形式：一是充当交换媒介和支付手段的准备金；二是以货币形式闲置的暂时不用的资本，包括新积累的、尚未投入的货币资本。前一种形式的贮藏货币不断进入流通过程，并不断从流通过程中流回；后一种形式的贮藏货币则是较长时间地停留在流通领域之外，等待时机再加入流通过程，参与资本的循环和周转。贮藏货币具有自发地调节货币流通的特殊作用。当流通领域所需要的货币量增加时，被贮藏的货币就会加入流通领域成为流通手段；而当流通中所需要的货币量减少时，有一部分货币会自动退出流通领域成为贮藏货币。这样，贮藏货币就像蓄水池一样自发地调节流通中的货币量，并使之与流通中的货币需求量相适应。

（2）执行贮藏手段职能的货币有以下特点。第一，必须是现实中的货币。第二，必须是有十足价值的货币。货币的贮藏实际上是价值的贮藏，为保证货币退出贮藏时的购买力与进入时等同，金属货币必须足值，信用货币币值必须相对稳定。第三，质上的无限性和量上的有限性。贮藏货币在可购买的商品数量上是有限的，但货币作为一般等价物，是可以同任何商品相交换的。因此，贮藏状态下的货币何时出笼和购买何种商品都具有一种无限性。

2. 货币在经济中的作用有：

（1）货币作为生产的第一推动力和持续推动力，促进了生产资料和劳动力相结合。货币首先作为原始资本促进两大基本生产要素的最初结合，然后作为追加资本保证生产的持续进行和扩大再生产。

（2）货币作为价值的衡量器，成为计价、统计、核算、预测等经济管理工作的工具。诸如国民生产总值、国民收入、财政预算、利润、工资收入等各类经济指标的统计、核算、预测都是以货币为工具的。

（3）作为交换媒介，货币极大地促进了商品流通，因而使社会总供给迅速扩大。货币进入到商品交换中以后，克服了物物交换的局限性，大大节约了交换的社会成本，进一步解放了社会生产力。货币在促进供给总量扩大的同时，作为"社会的选票"，还可以有效地调整供给结构，从而使社会资源的配置达到最优化。

（4）作为社会分配的工具，货币服务于工资分配、利息分配、财政分配等。同时，货币还作为消费的工具，直接表现为购买力和支付力，从而使社会总需求得到满足。

（5）从宏观上来看，货币是市场机制发挥作用的条件，也是国家进行宏观调控的主要工具。市场这只"无形的手"要发挥优化资源配置和提高劳动生产率等方面的作用，就必须依靠利率、价格、工资等经济杠杆，而这些经济杠杆都以货币作为载体。同时，经济管理者要克服市场的滞后性，就必须干预经济而进行宏观调控，而宏观调控所倚重的财政政策、货币政策等又都是以货币为中介指标来进行政策意志传导的。

总之，货币既可以调节微观经济，更可以用来进行宏观调控；不仅可以调节经济总量，而且还可以调节经济结构。可以说，货币在现代经济的每一个部门、每一个环节和每一个层面都发挥着不可替代的作用。

3. 信用货币是指在流通领域中充当交换媒介和支付手段的信用凭证。信用货币本身的价值低于名义价值，且不代表任何金属货币，其作为一种信用凭证，完全依靠政府信用和银行信用而流通。信用货币是目前世界上几乎所有国家都采用的一种货币形态，它与代用货币在形式上并无区别。它们的区别在于信用货币不规定含金量，也不能与贵金属做自由兑换。

（1）信用货币产生的原因。

①贵金属产量有限。金银的采掘速度跟不上商品生产和流通发展对货币的需要，各国政府和金融机构就不得不通过增发代用货币加以解决。这样，代用货币的发行量就超过了发行机构实际拥有的金属货币量，十足准备制度变成了部分准备制度，于是也埋下了兑换的危机产生的种子。

②经济危机。20 世纪 30 年代，世界性的经济危机和金融危机爆发了，人们纷纷用银行券兑换金属货币。而在部分准备制度下，银行券的数量大大多于金属货币的储备量，国家难以满足人们的兑换要求，在这种情况下，各国纷纷宣布停止银行券和金属货币的兑换。这样，银行券就成了不能与金属货币兑换，而是依靠国家强制力量流通使用的信用货币。

③纸币被普遍接受。由于人们占有货币的目的是购买商品和劳务，所以，不管货币本身有没有价值，只要它能购买人们所需要的东西，便可为人们接受，这是信用货币制度得以推行的根本原因。

（2）信用货币的特征。

信用货币是价值符号。信用货币的名义价值和其自身的实际价值完全脱离，并代表一定的价值起着一般等价物的作用，是价值符号。

信用货币是债务货币。信用货币是通过银行信贷程序投入流通的，是发行银行的负债。信用货币主要包括流通中的货币（纸币和辅币）和银行存款。流通中的货币即现金，由中央银行发行，是中央银行的负债；存款货币由商业银行创造，是商业银行的负债。

信用货币是管理货币。信用货币与黄金脱钩，不能兑换黄金。为维持货币流通的稳定，各国政府授权中央银行垄断发行，并通过货币政策加以调控。

信用货币具有强制性。中央银行垄断货币发行权，强制其发行，强制其流通，无限法偿。强制性对于信用货币而言十分重要。因为信用货币本身没有实际价值或实际价值很低，必须依靠发行者强制赋予它名义价值才得以流通。没有强制性，人们根本不会接受它作为流通物或贮值物。

4.（1）无限法偿（Unlimited Legal Tender）是指法律规定在货币收付中，无论每次支付的金额如何巨大，只要用本位币支付时，任何人不得拒绝接受的一种无限的法定支付能力。

（2）有限法偿（Limited Legal Tender）是指国家针对辅币所规定的一种有限的法定支付能力。即在一次支付行为中，如数额不超过法定最高限额就可以用辅币支付。如果数额超过最高限额，任何人都可以拒绝接受，但在向国家纳税和向银行兑换时可不受此限制。

5.（1）货币是固定地充当一般等价物的特殊商品。从货币起源中可以看出，货币首先是商品，具有所有商品的共性，即都是用于交换的劳动产品，都具有使用价值和价值。

（2）货币又是和普通商品不同的特殊商品，作为一般等价物，它具有两个基本特征：

①货币是表现一切商品价值的材料。普通商品直接表现出其使用价值，但其价值必须在交换中由另一商品来体现。货币是以价值的体现物出现的，在商品交换中直接体现商品的价值。

②货币具有直接同所有商品进行交换的能力。普通商品只能以其特定的使用价值去满足人们的某种需要，因而不可能同其他一切商品直接交换。货币是人们普遍接受的一种商品，是财富的代表，拥有它就意味着能够去换取各种使用价值。

6.“劣币驱逐良币规律”是在属于金银复本位制的双本位制中出现的现象。在双本位制下，国家以法律形式规定金、银铸币之间的法定比价，两者的交换比率不再受市场上金、银价格波动的影响，从而克服了平行本位制下出现的“双重价格”的弊病。然而，当金、银铸币的法定比价与其市场比价背离时，市场上又产生“劣币驱逐良币规律”，即在复本位制下，当两种名义价值相同而实际价值不同的金、银铸币同时流通时，其中实际价值较高的货币（称良币）必然会被熔化、收藏或输出，因而退出流通领域；实际价值较低的货币（称劣币）必然会独占市场，充斥于流通领域。这就造成在同一时期的市场上只有一种铸币在流通，而且是银贱则银币充斥流通市场、金贱则金币充斥流通市场。这种规律又被称为“格雷欣法则”。

7.货币制度大体上经历了银本位制、金银复本位制、金本位制和信用货币制度四个阶段。

（1）银本位制是指以白银作为本位币币材的一种货币制度。银本位制的基本特征是：白银作为本位币的价值与其所含的白银的实际价值相等；银币可以自由铸造、自由熔化；银行券可自由兑换银币；银币具有无限法偿能力；白银和银币可以自由输出与输入。

（2）金银复本位制是指以金、银两种金属同时作为本位货币的一种货币制度。复本位制的基本特征是：金、银作为本位币的价值与其所含的金、银实际的价值相等；金币、银币都可以自由铸造、自由熔化、自由兑换，并且都具有无限法偿能力；金、银可以自由输出与输入。

（3）金本位制是指以黄金作为本位货币的一种货币制度。金币本位制是金本位制的典型代表，它是一种相对稳定的货币制度，这是由金币本位制所具有的特点来决定的。金币可以自由铸造、自由熔化，这使金币数量能自发地满足流通中的货币需求，也使金币的币值与其所含的黄金的实际价值保持一致。

（4）不兑现的信用货币制度是指以不兑现的信用货币作为流通中的货币主体的货币制度。在这种货币制度下，金、银不再作为本位币进入流通，货币单位也不规定含金量，流通中使用的都是信用货币，信用货币不能与金属货币进行兑换。不兑现的信用货币制度具有以下特点：

第一，黄金非货币化。流通中的现金，或者称为通货，是由中央银行发行的钞票与硬币。黄金退出国内流通领域，不作为国内本位币和各国货币兑换的基础，而仅作为弥补国际收支逆差的最后清偿手段。

第二，货币供给的信用化。中央银行的货币发行通过信贷程序进行，并且非现金周转的广泛发展使银行的支票账户存款成为以法定货币单位为价格标准的信用货币。而且，随着信用制度的高度发展和电子计算机在银行业务中的广泛运用，非现金周转进一步扩大使用范围，现金流通则逐渐被挤压到很狭小的范围内。

第三，货币的多样化。货币与信用交织在一起，各种票据和其他信用流通工具都在一定程度上作为交换媒介和支付手段的替代物，这使货币形式的多样化成为现实。伴随着货币形式的多样化而来的是货币供给渠道的多元化，这使得商业银行及其他金融机构甚至公众，都能够对货币供应量产生影响。

第二章　信用和利息率

【综合自测题参考答案】

（一）判断题

1. √　2. ×　3. √　4. √　5. ×　6. √　7. ×　8. ×　9. ×　10. √
11. ×　12. ×　13. √　14. ×　15. √

（二）单项选择题

1. C　2. C　3. B　4. D　5. A　6. D　7. C　8. D　9. B　10. A　11. A
12. B　13. D　14. C　15. D

（三）多项选择题

1. ABC　2. BCD　3. ABD　4. ABCD　5. ABD　6. ABCD　7. ABC
8. AD　9. BD　10. AC　11. ACD　12. ACD　13. ABC　14. ABCD
15. AC

（四）简答题

1. 在市场经济中有如此普遍的债权债务现象，其主要的原因是在经济中的任何行为主体——不仅行为主体之间，而且同一主体在不同时期——都存在着盈余与赤字的矛盾。

首先从家庭来看，由于其收支在时间上的不一致、收入的有限性，以及不同的家庭对目前消费和未来消费不同的时间评价，因而不同的家庭就会对消费做出在时间上的不同选择。如果一些家庭对未来消费支出的评价大于目前消费，则这些家庭会放弃一部分目前消费，增加储蓄；反之，则倾向于减少储蓄，甚至举债消费。

再从企业来看，在其商品生产的经营过程中，一些企业要更新固定资本就需要购置机器设备，支付工资、管理费，购买原材料需补充流动资金，维持较长期的投资项目需要追加投资。但如果企业尚未有销售收入，自身积累又不足，企业就会出现赤字，从而成为资金需求者；而另一些企业则因固定资产折旧、工资未付、利润未分配等原因而出现盈余，从而成为资金供给者。

对政府来说也是如此。在经济繁荣、政治稳定的年份，政府收入可能大于支出而有盈余，从而成为资金供给者；在经济萧条或战争、自然灾害频繁的年份，政府支出往往大于收入出现赤字，从而成为资金需求者。另外，即使是在盈余或收支平衡时，因先支后收等原因，政府也会有临时性的资金需要。

由此可见，在现代市场经济中，从某个时点来看，必然会形成三种经济主体：一是收大于支的盈余主体，有闲置资金增值的要求；二是支大于收的赤字主体，为维持正常的生产和生活有举债的要求；三是收支相抵的平衡主体。但盈余主体和赤字主体是普遍存在的。解决盈余与赤字的矛盾的最好方法就是采取有借有还的信用方式，结果是普遍存在的债权债务现象。

2. 商业信用具有以下局限性：

第一，信用的规模和数量有一定限制。由于商业信用是在工商企业之间进行的，因此，只能在它们之间对现有资本进行再分配，而不能在现有资本总额以外再获得新的补充资本。故商业信用的最高限额只能是全社会现有的产业资本。而且从个别企业看，它们能以延期付款方式出售的商品只能是其当时暂不用于再生产过程的那部分资本。同时，商业信用一般只发生在经常来往、相互了解的企业之间。

第二，商业信用有严格的方向性。商业信用的需求者也是该商品的直接需要者，由此决定了这种信用具有方向性，即只能由产品的生产者提供给产品的需要者，而不能相反。

第三，商业信用在期限上受限。由于商业信用是以商品形式提供的，这些商品仍属于再生产过程中的商品资本，故只能解决短期资金的融通问题，长期资金需求则不能因此得到解决。

此外，由于商业信用是在工商企业之间进行的，故其具有自发性、分散性、盲目性等不足。

3. （1）消费信用的积极作用主要是：第一，对消费者个人来说，它解决了消费愿望和购买力特别是耐用消费品购买力不足的矛盾，消费者可提前享受到想要消费的商品和劳务；第二，对整个社会来说，它促进耐用消费品的销售，发挥着消费指导生产的作用，并暂时人为地扩大了一定时期内商品劳务的总需求规模，因而在一定条件下可促进经济的增长，还可促进新技术的应用、新产品的推销和产品的更新换代。

（2）消费信用的消极作用主要是：第一，对消费者个人来说，提前动用了未来的收入，会使未来的购买力缩小，且债务负担会随着消费信用的日益发达而愈严重；第二，对整个社会来说，如果消费需求过高，生产扩张能力有限，消费信用则会加剧市场供求紧张状态，促使物价上涨，增加经济的不稳定性，造成通货膨胀。

4.（1）银行信用的特点是：

第一，银行信用的规模巨大，且其规模不受金融机构自有资本的限制。银行聚集的资金不仅有从产业资本循环过程中分离出来的暂时闲置的货币资本，而且还有社会各阶层的货币储蓄。尤其在当代不兑现的信用货币制度下，由于部分准备制度和转账结算制度的存在，商业银行系统还可以以创造派生存款的方式向社会提供存款货币。由此，银行信用的规模可超出金融机构现有的资本存量，从而克服了商业信用在规模和数量上的局限性。

第二，银行信用的借贷双方，一方是金融机构，另一方是从事经营活动的工商企业，而且银行信用是以货币形式提供的信用，因此银行等金融机构可以把货币资本提供给任何一个有需要的部门和企业，这就打破了商业信用在方向上的限制。

第三，银行信用的主要工具是银行券，而银行家的信用要远远大于工商企业，这使得这种票据能代替商业票据；且随着银行业务的发展，它已被更广泛地运用于其他各种贷款业务之中，从而使银行信用具有更普遍的接受性。

（2）银行信用不能完全取代商业信用。虽然银行信用打破了商业信用的局限性，但由于商业信用与商品的交易直接联系在一起，其及时和方便的优点使工商企业在可以利用其解决资金不足的矛盾时放弃银行信用，从而使其和银行信用一起成为再生产过程中与工商企业的经营活动直接联系的两种最基本形式，构成信用制度的基石。在实际经济生活中，两者往往相辅相成，共同发展。银行信用通过对商业信用的工具——商业票据的承兑、贴现、抵押以克服商业信用在信用能力上的困难，同时，银行信用自身也因此得到发展和壮大。

5. 较长期的利率一般高于较短期的利率，原因有三。第一，长期融资比短期融资风险更大。期限越长，市场变化的可能性越大，借款者经营风险就越大，因而贷款者遭受损失的可能性也越大。第二，融资时间越长，借款者使用借入资金经营取得的利润应当越多，贷款者得到的利息也相应要多。第三，在现代纸币流通的条件下，通货膨胀是一个普遍现象，因而，融资时间越长，通货膨胀率上升的可能性越大，只有较高的利率才能使贷款者减少因通货膨胀带来的损失。但由于在不同种类的信用行为之间，有种种不同的信用条件，因此也不能将之作简单对比。而在同一类信用行为之间，较短期的利率则总是低于较长期的利率。

6. 在利率体系中，利率种类非常多。可以从不同的角度划分出不同的利率类别。

（1）根据在借贷期内是否调整，利率可分为固定利率和浮动利率。

固定利率是指在借贷期内不作调整的利率。其最大特点是利率不随市场利率的变化而变化，因而对于借贷双方准确计算成本与收益都十分简便，是传统采用的方式。在借款期限较短或市场利率变化不大的条件下可采用固定利率。

浮动利率又称为可变利率，是一种在借贷期内可定期调整的利率。由于市场利率的变化趋势难以预测，债权人或债务人都可能要承担利率变化的风险。因此，在借款时，借贷双方协定，由一方在规定的时间依据某种市场利率进行调整，调整期一般为半年。浮动利率尽管可以为债权人减少损失，但也因手续繁杂、计算依据多样而增加费用开支，因此，多用于3年以上的中长期借贷及国际金融市场。

（2）根据信用行为期限的长短，利率可分为长期利率和短期利率。

一般来说，1年期及以下的信用行为称为短期信用，其相应的利率就是短期利率；1年期以上的融资行为称为长期信用，其相应的利率就是长期利率。

（3）根据计算利息的期限单位，利率可分为年率、月率和日率。

年利率是以年为单位计算利息，一般以本金的百分之几表示；月利率是以月为单位计算利息，一般以本金的千分之几表示；日利率，习惯上叫"拆息"，是以日为单位计算利息，一般以本金的万分之几表示。

（4）根据是否按市场规律自由变动，利率可分为市场利率、官定利率和公定利率。

市场利率是随市场规律而自由变动的利率。它是在金融市场上由借贷双方通过竞争而形成的，是借贷资金供求状况变化的指示器。当资金供给超过需求时，利率呈下跌趋势；反之，当资金需求超过供给时，利率呈上升趋势。由于影响资金供求状况的因素十分复杂，因而市场利率变动非常频繁、灵敏。

官定利率，也叫法定利率，是由政府金融管理部门或者中央银行确定的利率，是国家为了实现宏观调控目标所采取的一种政策手段。利率水平不完全随资金供求状况而自由波动，国家通过中央银行确定的利率调节资金供求状况，进而调节市场利率水平，因此，官定利率在整个利率体系中处于主导地位。

行业公定利率是由非政府部门的民间金融组织，如银行公会等所确定的利率，这种利率对其会员银行有约束性。官定利率和行业公定利率都在不同程度上反映了非市场的强制力量对利率形成的干预。

官定利率与市场利率、公定利率有着密切的关系。前者的变化代表了政府货币政策的意向，对后两者有重要影响，后两者随前者的变化而变化。但是，后两者又要受借贷货币资金供求状况等一系列复杂因素的影响，并不一定与前者的变化相一致。市场利率的变化非常灵敏地反映了借贷货币资金的供求状况，是国家制定官定利率的重要依据。国家根据货币政策的需要和市场利率的变化趋势，调整官定利率，调节资金供求，以实现调节经济的目标。

（5）根据利率是否带有优惠性质，利率可分为一般利率和优惠利率。

优惠利率是指略低于一般贷款利率的利率。实际上，优惠利率是差别利率的一种。差别利率是针对不同的贷款种类和借款对象而实行的不同利息率，通常可按期限、行业、项目、地区来设置不同的利息率。一般地，优惠利率只提供给信誉好、经营状况良好且具有良好发展前景的借款人。

（6）根据是否考虑货币价值的变动，利率可分为名义利率和实际利率。

在纸币流通的条件下，由于纸币代表的价值量随纸币数量的变化而变化，因此，当流通中的纸币数量超过市场上的货币需求量时，单位纸币实际代表的价值量必然下降。在借贷过程中，债权人不仅要承担债务人到期无法归还本金的信用风险，而且还要承担货币贬值的通货膨胀风险，于是就产生了名义利率与实际利率之分。

名义利率是借贷契约或有价证券上以名义货币载明的，包括补偿通货膨胀风险的利率。实际利率是指对名义利率按货币购买力的变动而修正后的利息率。

7. 相同期限的债券具有不同的收益率，是因为期限相同的各种债券有着不同的违约风险、流动性、税收和信息成本。

（1）违约风险的不同。违约风险是指债券的发行方也许不能履行其承诺的支付本金和利息的义务，债券所具有的这种违约风险会影响债券的利率。一般违约风险大的债券，其要求的利率较高；违约风险小的债券，其要求的利率较低。

（2）流动性的不同。资产的流动性是指资产在必要时可以迅速转换成现金而不给持有人带来损失的能力。不同的资产有着不同的流动性。由于人们总是偏好于流动性较高的资产，以便在必要的时候能够将它迅速变现，因此，在其他条件不变的情况下，流动性越高的债券，其利率将越低。

（3）税收的不同。相同期限的债券之间的利率差异还源于税收因素的影响，因为债券持有人真正关心的是税后的实际利率。因此，不同种类债券的利息收入的税率不同，其税前利率也会不同。税率越高的债券，其税前利率也应该越高。

（4）信息成本的不同。信息成本因素也是导致相同期限的债券利率存在差异的原因之一。这是因为信息不对称现象的普遍存在，使贷款人为了了解借款人的动机及行为所付出的成本比较昂贵，贷款人需要得到补偿。由此，信息成本提高了利率。也正因为如此，在同等条件下，大额贷款、大型著名公司和政府的借款利率比小额贷款、小型公司的借款利率要低。

以上四种因素，即违约风险、流动性、税收和信息成本因素基本上解释了为什么相同期限的债券的利率不同。债券的利率随着该债券违约风险的增加而增加；债券的利率随着流动性的增强而降低；债券利息收入的高税率使债券必须具有较高的税前利率；债券的信息成本的增加提高了债券的利率。

（五）计算题

1. 解：近似的实际利率 $i = r - p = 12\% - 4\% = 8\%$

精确的实际利率 $i = \dfrac{1+r}{1+p} - 1 = \dfrac{1+12\%}{1+4\%} - 1 = 7.692\%$

2. 解：按单利计算，$s = 100 \times (1 + 3 \times 8\%) = 100 \times (1 + 0.24) = 124$（元）

按复利计算，$s = 100 \times (1 + 8\%)^3 = 100 \times 1.08^3 = 125.97$（元）

第三章 金融市场

【综合自测题参考答案】

（一）判断题

1. × 2. × 3. √ 4. × 5. √ 6. × 7. × 8. × 9. √ 10. √

（二）单项选择题

1. D 2. B 3. A 4. D 5. D 6. C 7. A 8. D 9. D 10. B

（三）多项选择题

1. BC 2. ABCD 3. AC 4. ACD 5. ACE 6. CD 7. ABCDE
8. ABCE 9. ABD 10. BC

（四）简答题

1. 直接融资是指资金盈余单位和资金赤字单位直接结合起来融通资金，其间不存在任何金融中介机构涉入的融资方式，而市场参与者通过金融中介实现资金融通的方式称为间接融资。间接融资是在直接融资的基础上形成的，理论上可以提高融资效率，代表了一种更高层次的金融结构。由于金融中介机构可以获得规模经济的优势，能够运用专门技术，雇用高级管理人才及拓宽融资市场，因此可以降低交易成本及提高收益率。

由于信息不对称的存在，直接融资便存在更严重的"逆向选择"和"道德风险"问题。逆向选择是在交易之前发生的信息不对称问题，具有最大的潜在不良贷款风险的人正是那些最积极寻找贷款的人。他们准备从事高风险投资，虽然成功概率极低，但一旦侥幸成功，便可获得极大收益，这里存在风险与收益不对称的机制。

道德风险是在交易发生之后出现的信息不对称问题，指的是放贷者发放贷款后将面对借贷者从事那些放款者并不期望进行的风险较大的活动。这些活动可能使贷款难以收回。逆向选择风险和道德风险的存在，要么导致不良资产的增加，要么导致信用萎缩。

直接融资能在更大程度上扩大资金的活动范围,通过利益机制诱导资金流动,推动资金的合理配置;直接融资筹集的资金规模大、期限长、稳定性高;直接融资具有加速资本积累的杠杆作用等。

间接融资的实质是将千千万万的、分散的直接风险聚焦到金融中介机构上,因而需要一个高效、健全的金融中介体系。在现实中,像银行等金融中介机构的行为会受到政府、利益集团等方方面面的外在影响,同时也不能保证每次信息分析无误。应该说,间接融资的贷款成功率远远大于直接融资,而间接融资一旦出现失误,由于其具有风险雪崩效应,会对社会经济造成极大的负面影响。

2. 一种观念认为,金融市场的有效性主要体现在市场的外在效率和内在效率上。①市场的外在效率主要是从金融市场的资金分配效率、金融工具的价格能否充分地反映所有的有关信息这个角度而言的。衡量金融市场的外在效率有两个直接标志:价格对信息变化有充分弹性;信息通道流畅,各类投资者没有信息时滞与信息失真。②市场的内在效率指的是在金融市场中的交易运营效率,反映金融市场的组织功能效率。衡量金融市场内在效率高低也有两个标志:每笔交易所需的时间;每笔交易所需的费用。另一种观念认为,法码的有效市场理论也定义了三种不同程度的市场效率。①弱型效率。弱型效率是证券市场效率的最低程度。任何投资者都不可能通过使用任何方法来分析这些历史信息以获取超额收益。②半强型效率。半强型效率是证券市场效率的中等程度。任何投资者都不可能按基于公开可获得的信息建立的交易规则而获取超额收益。③强型效率。强型效率是证券市场效率的最高程度。没有投资者能利用任何信息获取反常的经济利润。

3. 关于货币市场的重要性问题,可以从微观和宏观两个层面进行分析。

从微观上对资金供求双方来看,一方面,对于资金盈余者,货币具有时间价值。另一方面,企业、金融机构、政府等资金需求者因其本身的收支具有时滞性,表现为某一时段资金盈余、某一时段资金短缺,从而导致社会整体经济运行不畅。正是货币市场发挥了超前或延时信号发生器的作用,从而使资金复位,缓解了经济活动中短期资金的供求矛盾。

从宏观上看,也是更重要的,货币市场的完善程度直接决定了中央银行货币政策实施的效果。中央银行进行宏观调控所采用的工具主要是在货币市场中起作用,货币市场为各种工具的操作提供了场所。比如贴现率和法定准备金比率的变动、公开市场业务操作等都是通过影响货币市场的基准利率和资金量，从而影响长期利率、货币总量和总投资来实现的。此外，由于货币市场的金融工具大多可扮演准货币的角色，其直接影响中央银行的货币供应量。如中央银行失去对货币市场的控制，往往将引发货币供应量的剧烈变动，对宏观经济产生巨大冲击；反之，如果调控得当，宏观经济就能平稳运行。

4. 金融衍生工具主要涉及市场风险、信用风险和法律风险三个方面。

（1）市场风险，即因市场价格变动造成亏损的风险。市场风险几乎存在于每一种金融衍生工具中，它多是由衍生工具市场价格的波动引发的。流动性风险是市场风险中常见的一种风险，当套期保值者利用衍生工具进行套期保值时，该资产带来的现金流要到未来某个时间才可以收到，一旦出现浮动盈亏，又没有足够的保证金时，就会产生流动性风险。衍生工具能降低原生工具交易风险的实质是将社会经济中分散的风险全部集中在少数衍生市场上释放，所以风险很大。由于保证金的杠杆作用，衍生品相当于一个放大"收益与风险"的变压器，对各项经济指标变化具有高敏感性。

（2）信用风险，即交易对方无法履行合约的风险。这种风险主要表现在场外市场上，它不像交易所的交易具有严密的履约保证制度，场外市场的交易能否如期履约完全取决于买卖双方的资信，因此十分容易发生信用风险。

（3）法律风险，指因合约无法履行或草拟条文不足导致损失的风险。由于衍生工具在不断地更新中，各国的法律条文便难以及时跟上，一些衍生交易的合法性也难以保证。交易双方可能因找不到相应的法律保护而遭受损失，再加上有部分衍生工具的设计动因就是使之游离于法规监管之外，这更是对法律监管的一大考验。

5. 在经济体系中运作的市场基本上有三种类型：要素市场、产品市场和金融市场。其中金融市场是在前两个市场的基础上派生出来的，它是将要素市场上的储蓄转化为投资的通道，是保证整个经济体系顺畅运行的润滑剂，在整个经济生活中起着举足轻重的作用。

金融市场是融通资金的场所，包括通过各类金融机构及个人所实现的资金借贷活动，其中有对各种货币进行的交易，也有对各种有价证券进行的交易。广义的金融市场可以理解为以各种金融资产作为标的物而进行交易的组织系统或网络，并包括由之引发的各种信用关系。如果进一步分析，我们可以给出金融市场的本质定义：金融市场是进行金融资产融通并从中生成金融资产价格机制的系统。它具有以下四个基本要素：交易的对象、交易的主体、交易的工具和交易的价格。

金融市场的交易对象是货币资金。无论哪种金融交易，其最终的行为结果都是实现货币资金的转移。但金融交易与商品交易最大的区别在于商品交易表现为所有权和使用权的同时转移，而金融交易大多是不改变所有权的货币资金使用权的转移。

金融市场的交易主体包括个人、企业、政府和金融机构。其中，个人、企业和政府参与交易的目的是为了满足其自身的资金供求需要，它们之间发生的金融交易称为直接金融或直接融资；金融机构是专门从事金融活动的组织或个人，通过它们实现的金融交易称为间接金融或间接融资。

金融市场的交易工具指的是作为债权债务关系的载体的各类金融工具，如票据、债券、股票等。

金融市场的交易价格是利率。一方面，各类金融市场都有与之特性相适应的利率，如银行同业拆借市场利率、贴现市场利率、国库券市场利率等，它们在数量上往往不相等，说明利率具有个性；另一方面，各种利率由于市场机制的作用而具有联动效应，在一般情况下，各种利率具有向同方向变化的趋势，说明利率也具有共性。

（五）计算题

1. 贴现金额为：$1\,000 - 1\,000 \times 5\% \times 3/12 = 987.5$（元）

2. 将已知数据代入国库券的发行价格计算公式：

发行价格＝面值×（1－贴现率×发行期限/360），即

$970 = 1000 \times$（1－贴现率×60/360），

计算得出国库券发行时的贴现率为18%

投资者的实际投资额是970元，因此他的实际收益率应该是：

$30/970/2 \times 12 \times 100\% = 18.55\%$

3. 该国库券的发行价格$= 100 \times$（$1 - 15\% \times 90/360$）$= 96.2$（元）

4. 贴现金额为：$2\,500 - 2500 \times 8\% \times \dfrac{6}{12} = 2\,400$（元）

第四章 金融机构体系

【综合自测题参考答案】

(一) 判断题

1. × 2. √ 3. × 4. √ 5. √ 6. √ 7. × 8. × 9. √ 10. √

(二) 单项选择题

1. C 2. A 3. D 4. A 5. D 6. C 7. C 8. C 9. D 10. D

(三) 多项选择题

1. ABC 2. ACE 3. ABCDE 4. ABC 5. ABCDE 6. CDE 7. AB
8. ACD 9. ABC 10. ABC

(四) 简答题

1. 西方发达国家的金融业务由分业经营走向混业经营,这并不是偶然的,其有着政治、经济和科学技术发展等方面的原因。

(1) 西方国家的经济发展走向成熟,使资金的供求状况发生了根本的变化。"二战"后,西方各国都在恢复经济,投资需求旺盛,资金就成了社会稀缺性资源,而银行作为分配资金的中介机构,处于有利地位。

(2) 国债市场的迅速发展促进了资金分流。"二战"后,凯恩斯主义在世界各国盛行,为了刺激经济的发展,各国政府推行赤字财政,并发行大量国债。

(3) 金融创新模糊了银行业、证券业、信托业的传统分界。面对激烈的竞争,各金融机构为了扩大资金来源,又要避开限制,不得不设计出新的金融工具。

(4) 新技术革命大大提高了个人和企业的金融应变能力,直接导致了新型金融工具的出现,为金融创新奠定了技术基础,也对金融机构的规模经济提出了新的要求。

2. 银行并购的不断扩展有其独特的动因:

一是规模经济。银行业规模经济是指随着银行的业务规模、人员数量以及机构网点的扩大而产生的单位运营成本的下降和单位收益的上升。对竞争中规模优势的认同是产生银行业并购浪潮的主要原因之一。银行之间的并购，尤其是强强联合，可以提高银行的资本充足率，而且可以在经营管理、技术开发、信息共享、经济资源配置等多方面产生规模经济。具体来说有以下几点：

（1）可以增强公众信心，扩大市场份额。银行是一种信用机构，它依靠公众信心而生存，规模大小对其能否取得客户信任具有决定性影响，从而能够创造银行的竞争优势，提高市场占有率。

（2）可以以较低的成本获得优越的技术优势。从技术优势的角度来看，银行规模越大就越有利于其保持领先技术优势，增强国际竞争力。因为规模较大的银行一般都有能力支付较大的技术装备开支以保持技术上的领先地位，并通过规模经济效应获得低成本优势。

（3）可以产生业务范围广泛的规模经济。银行实现并购后向万能型银行方向发展，并广泛从事证券、保险、基金管理等其他金融服务，因为商业银行已经拥有各种金融人才、资本设备和各种金融信息，扩大业务范围可广泛分摊信息成本和其他成本，提高银行效益。

（4）其他方面的规模经济。首先，银行规模的扩大必然会导致更细的专业化分工，从而促进效率的提高；其次，随着银行传统业务的逐渐减少，表外业务尤其是金融衍生工具交易业务大量增加，扩大业务量的边际成本很小或者几乎为零，因此，大银行会在更低的成本上进行运作，规模经济效益更加明显；再次，一般来说，大银行的商誉、管理和营销技巧等知识资产的边际开发成本几乎为零，且其供给弹性为无限大，这样大银行实现并购后可以理性化地运作其在全球范围内的银行分支机构，充分发挥规模经济的好处。

二是规避风险。银行规模的扩大，可以使银行能够更好地实现其资产组合在业务范围和地区等方面的多元化，以抵制较小地区经济发展速度放缓所带来的冲击。而且由于银行规模越大，所有债权人同时提存的可能性就越小，因此，银行可以减少其超额准备金。同时，银行抵御风险的能力增强，特别是有雄厚资本实力的大银行更可以帮助自身渡过难关。

三是银行业务全球化的客观需要。随着近年来全球经济、金融一体化进程的加快，生产经营和资本流动日趋国际化。为了更好地服务于以跨国公司为主的大客户，众多国际大银行极力拓展其海外目标市场，而采取并购方式直接跨国收购金融机构往往比申请设立分支机构更加便捷，且只需对并购的金融机构引入先进的管理机制和投入少量的资金就可以取得立竿见影的效果。

最后，银行的并购也是银行业务范围全能化的客观要求。

至于银行并购的发展趋势，在利益的驱动下，那些有条件并购但没有完成并购的银行会继续执行其并购计划。但是，由于并购后又存在着诸多对银行自身发展的不利因素，因此，这种并购的进程将受到一定的影响。这种不利的影响因素主要体现在以下几个方面：

（1）规模不经济，银行规模的扩大会导致下属独立的经营单位增多、人数增加，从而增加了银行的交易费用，边际交易费用也随之上涨。

（2）规模过大会带来经营风险，银行并购虽在一定程度上维护了银行体系的稳定，但也隐藏着更大的风险。

（3）金融监管困难，需要更多的国际协调，银行并购会使得金融监管更加困难。合并后的银行实力雄厚，它在金融市场上的运作往往会影响政府货币政策的效果，令政府对金融市场监管不力。

综上所述，由于存在着诸多对银行不利的影响，银行的并购浪潮将面临挑战，其并购进程将大大放缓。

3. 金融公司通过在货币市场上发行商业票据、在资本市场上发行股票和债券或从银行借少量贷款的方式来筹集资金，并将这些资金贷放给购买耐用消费品、修缮房屋的消费者及小企业的金融机构。

金融公司主要通过短期和长期借款来筹集资金，短期借款主要通过银行和卖出商业票据来筹集；长期筹资主要靠推销公司证券和发行公司本身的证券。多数金融公司接受定期存款，其中有的还以发行大额存单作为贷款或投资的资金来源，其资金运用主要是消费信贷和企业信贷。

具体来说，金融公司包括三种类型。

（1）销售金融公司：一些大型零售商或制造商建立的，旨在以提供消费信贷的方式来促进其产品销售的公司。

（2）消费者金融公司：一种专门向消费者发放小额贷款，以满足其购买家具、装修住房等资金需要的公司。

（3）工商金融公司：一种主要向工商企业贴现应收账款、发放存货和设备作为担保的抵押贷款的公司。

现在，西方金融公司业务范围逐步扩大到包销证券、经营外汇、投资咨询和不动产抵押贷款等。

4. 从新中国成立以来，中国金融机构体系的变革大体经历了以下六个阶段：

（1）1948—1953年：初步形成阶段。1948年12月1日成立的中国人民银行，标志着新中国建立金融体系的开端，中国人民银行逐步成为全国唯一的国家银行。

（2）1953—1978年："大一统"的金融体系。其基本特征为：中国人民银行是全国唯一一家办理各项银行业务的金融机构，集中央银行和商业银行功能于一身，其内部实行高度集中管理，统收统支。

（3）1979—1984年：改革初期。此阶段相继成立了中国银行、中国农业银行、中国建设银行和中国工商银行，打破了"大一统"的格局。

（4）1984—1993年：初具规模阶段。在此期间，我国的金融机构体系进行了一系列的改革，新设了各类金融机构，初步形成了以中国人民银行为核心，以四大专业银行为主体，其他各种金融机构并存的金融机构体系。

（5）1994—1999年：进一步改革改善。1994年，中国进一步改革金融体制，成立了三家政策性银行，实现了政策性金融与商业性金融的分离。这种以国有商业银行为主体的多种金融机构并存的金融机构体系目前仍在完善之中。中国现行金融机构体系的特点是：由中国人民银行、中国银行业监督管理委员会、中国证券监督管理委员会、中国保险监督管理委员会作为最高金融管理机构，对各类金融机构实行分业监管。

（6）1999年至今。首先大型商业银行仍然占有市场的较大份额，其次是股份制商业银行和政策性银行正逐步进行改革，银行、保险、证券业领域出现了大面积合作的现象，混业经营正在发生。

目前我国存在五大综合经营模式：①以商业银行为核心业务的综合经营模式，以四大商业银行为代表；②以非银行金融机构为核心的综合经营模式，如平安保险等；③以产业为核心的综合经营模式，如海尔集团、东方集团、宝钢集团、中石油、中石化等，其内部设立金融机构或者参股金融业；④以金融集团为核心的综合经营模式，如中信银行、招商银行等；⑤以地方政府主导的地方金融集团模式，如上海新国际集团、天津泰达等。但由于目前中国金融政策的限制以及监管难度的增大，以产业资本控股金融集团的模式可能会有所限制。特别是新疆德隆集团的破产，给这种经营模式的金融集团敲响了警钟。

随着资产证券化、股票质押贷款等金融创新的开展，混业经营的趋势愈加明显，已成为中国金融业未来的发展方向。

5. 交易成本经济学和信息经济学认为，由于金融市场存在着很大的交易成本和信息成本，贷款者与借款者无法直接完成金融交易，于是便诞生了金融中介。金融中介的存在大大减少了在金融交易中存在的各项成本。

（1）交易成本。存在于金融交易中的交易成本也就是从事金融交易所花费的时间和金钱，是那些有余钱要贷的人们所面临的主要问题。大量交易成本的存在导致了金融中介的产生。因为金融中介规模巨大，能产生规模经济的优势；它能更好地开发专门技术，以降低交易成本。

（2）不确定性。不确定性也就是常说的风险，是经济社会所固有的。从某种意义上讲，个人并不能通过使用其他资源来减少由不确定性所产生的成本。金融中介的存在可以减少个人持有同种多样化资产的组合成本。而且，当投资者越多时，金融中介分散给投资者的成本越小，其作用也就越大。

（3）信息成本。金融市场中除了存在着交易成本和不确定性成本外，还存在着信息不对称现象，即交易的一方对交易的另一方没有充分了解，因而影响其做出准确的决策。这是金融市场上的一个重要现象，也是金融中介产生和发展的一个重要原因。

第五章　商业银行

【综合自测题参考答案】

（一）判断题

1. √　2. √　3. √　4. ×　5. √　6. ×　7. √　8. ×　9. ×　10. √
11. ×　12. √　13. ×　14. ×　15. ×　16. ×　17. ×　18. ×　19. √
20. ×

（二）单项选择题

1. B　2. A　3. C　4. B　5. D　6. C　7. A　8. B　9. C　10. D　11. D
12. B　13. C　14. B　15. A　16. B　17. D　18. B　19. D　20. B

（三）多项选择题

1. AB　2. BCD　3. ABCD　4. ABC　5. ABD　6. ABCD　7. BCD

8. ABCD　9. ACD　10. BCD　11. ABC　12. ABCD　13. BCD

14. ACD　15. AD

（四）简答题

1. 商业银行的资产业务主要分为现金资产、贷款、投资等。现金资产又包括库存现金、交存中央银行的存款准备金、存放同业及托收未达款等。

现金资产是银行资产中最具有流动性的部分，主要是用来满足客户提现和转账结算的需要。虽然现金资产不能给银行带来直接的收益，却是商业银行维持正常经营所必需的。为了避免发生流动性危机，银行的总资产中必须保持一定比例的现金资产，现金资产在总资产中所占的比率并不是越低越好。

2. 各国商业银行已普遍认同了经营管理中所必须遵循的三项原则：安全性、流动性和盈利性。

（1）安全性。安全性是指商业银行应努力避免各种不确定因素对它的不良影响，保证商业银行的稳健经营和发展。因为商业银行自有资本较少，经受不起较大的损失；商业银行经营条件具有特殊性，主要是负债经营；商业银行在经营过程中会面临各种风险，如国家风险、信用风险、利率风险、汇率风险、流动性风险、经营风险、竞争风险等。因此，商业银行的经营特点决定了商业银行保持经营安全的重要性。

（2）流动性。流动性是指商业银行能够随时满足客户提存和必要的贷款需求的能力，包括资产的流动性和负债的流动性。因为商业银行是典型的负债经营；资金运用的不确定性也需要资产保持流动性。

（3）盈利性。一切经营性企业都有一个共同的目标——追求盈利。商业银行作为经营货币信用的企业，盈利水平的提高能够使投资者获得较高的收益；要增强竞争能力，提高银行信誉；还要增强商业银行承担风险的能力等。

以上三项原则之间的关系可以概括为：盈利性是商业银行经营管理的目标，安全性是商业银行经营管理的保障，流动性是商业银行经营管理的前提，三者既有统一的一面，也有矛盾的一面。一般来讲，安全性和流动性是正相关的，流动性较强的资产，风险较小，安全性有保障。但它们与盈利性往往存在矛盾，即流动性强，安全性高，盈利性则较低；而盈利性较强的资产，往往流动性较差，风险较大。这种矛盾关系要求商业银行的管理者必须对"三性"原则进行统一协调，必须在保持良好的安全性和流动性的前提下追求盈利性目标。

3. 负债管理理论过分重视将流动性管理重点放在负债业务上，存在着明显的缺陷。

（1）商业银行主动组织负债，靠借款增加资产，往往需要支付高于一般存款的利息，提高了负债成本或融资成本，也增大了商业银行的经营风险。

（2）银行过分依赖以借款来满足流动性需要，就可能使短期借入、长期贷出的现象更加严重，加大资产和负债的不对称性，从而使银行陷入资金周转不灵的困境。

（3）负债管理往往使银行忽视自身资本的补充，不利于银行的稳健经营。

4. 对借款企业进行信用分析是为了确定企业的未来还款能力如何。影响企业未来还款能力的因素主要有：财务状况、现金流量、信用支持以及非财务因素。企业的财务状况和现金流量构成企业的第一还款来源，而信用支持构成第二还款来源，非财务因素虽不构成直接还款来源，但会影响企业的还款能力。因此，对借款企业的信用分析应包括以下主要内容：

（1）对借款企业的财务分析。就是银行对借款人的财务报表中的有关数据资料所进行的确认、比较、分析和研究，以此掌握借款人的财务状况，分析借款人的偿债能力，预测借款人的未来发展趋势。其中也包括审查借款人的损益表和对借款企业现金流量的分析。

（2）对借款企业的担保分析。银行要求借款企业对其提供的贷款给予担保是为了提高借款偿还的可能性，是为了降低银行资金损失的风险所采取的保护性措施。它为银行提供了一个可以影响或控制的潜在还款来源，在一定条件下担保会变成现实的还款来源。因此，在银行发放贷款时，会尽可能要求借款人为借款提供相应的担保。担保形式有：抵押担保贷款、质押担保贷款、保证贷款以及附属合同等。担保不是信誉的可替代物，有了担保不一定能够保证还款。因此，作为抵押或质押保证的财产，应保证其具有极高的流动性和易售性。

5. 商业银行的投资与通常所说的投资不同。普通投资是指以资本从事工商业的经营活动，而商业银行的投资是指证券投资业务，即商业银行以其资金在金融市场上购买各种有价证券的业务。商业银行从事证券投资业务的目的主要是：第一，实现对企业的控股；第二，分散资金单一用途的风险；第三，增加收益；第四，也是最重要的，提高资产的流动性，即充当第二准备。第二准备是满足商业银行流动性需要的第二道防线，当商业银行的现金资产不够满足流动性需要时，可抛售短期证券。作为第二准备的短期资产，既能使商业银行保持一定的盈利，又能在短期内变现。

商业银行主要以各类债券，特别是政府债券为投资对象，如在美国商业银行的投资总额中，有60%以上是联邦政府债券。

商业银行投资股票的情形则相对较为复杂，各国的规定也有所不同。金融分业经营的国家对商业银行的股票投资管理极为严格，或严禁商业银行涉足此类业务，或对个别可以涉足此类投资的特殊情况给予苛刻的限制。而金融混业经营的国家对商业银行的股票投资并无严格的管理，但不少国家在其股票投资的数量上也有限制性的规定，商业银行的证券投资仍以各类债券，特别是政府债券为主要类别。

我国目前实行的是金融分业经营管理制度，按照《商业银行法》和《证券法》的有关规定，商业银行不得从事境内信托投资和股票业务。它们的证券投资的对象主要是政府债券和政策性银行发行的金融债券等。

第六章　中央银行

【综合自测题参考答案】

（一）判断题

1. √　2. ×　3. ×　4. ×　5. ×　6. √　7. ×　8. √　9. √　10. √
11. ×　12. ×　13. ×　14. √　15. √　16. ×　17. √　18. √
19. ×　20. √

（二）单项选择题

1. A　2. C　3. B　4. C　5. D　6. B　7. B　8. D　9. A　10. D　11. B
12. A　13. A　14. C　15. C　16. D　17. C　18. A　19. C　20. B

（三）多项选择题

1. AD　2. ABC　3. ABCD　4. AC　5. BCD　6. ABC　7. ACD　8. ABC
9. ACD　10. ABD　11. ABCD　12. BCD　13. ABC　14. ABCD　15. ACD

（四）简答题

1. 中央银行的独立性是指中央银行的相对独立性，即指中央银行在政府或国家权力机构的授权下，根据国家总的经济目标，独立地制定和推行货币政策，以实现国家宏观经济目标。中央银行的独立性问题比较集中地反映在中央银行与政府的关系上，中央银行既要保持一定的独立性，又不能与政府完全脱离，所以这个独立性是相对的。

中央银行应保持一定的独立性，避免来自政府的干预，这是因为：第一，中央银行与政府的行为目标不同；第二，要避免出现"政治商业"周期；第三，中央银行对宏观经济的调控和对金融业的监管具有很强的专业性和技术性；第四，要避免政府透支信用，货币发行赤字化。

同时，中央银行又不能完全脱离政府，主要因为：第一，中央银行的政策目标必须服从于国家总体经济发展目标；第二，货币政策作为整个国家宏观经济政策的一部分，货币政策的实施应与财政政策及其他政策协调配合；第三，中央银行具有国家管理机关的性质，在有些国家甚至是政府的组成部门，其负责人也由政府委任。

2. 中央银行具有发行的银行、银行的银行和政府的银行三大职能。

（1）发行的银行是指国家赋予中央银行集中和垄断货币发行的特权，是国家唯一的货币发行机构。货币发行是中央银行的重要资金来源，也为中央银行调节金融活动和全社会货币、信用总量，促进经济增长提供了资金力量。

（2）银行的银行是指中央银行的业务对象不是一般企业和个人，而是商业银行和其他金融机构以及特定的政府部门，其与业务对象之间的业务往来仍具有银行固有的办理"存、贷、汇"的业务特征，中央银行为商业银行和其他金融机构提供服务的同时也对它们进行宏观调控。这一职能主要体现在：集中存款准备金、充当最后贷款人、组织全国的清算。

（3）政府的银行是指中央银行根据法律授权制定和实施货币政策，对金融业实施监督管理，负有保持货币币值稳定和保障金融业稳健运行的责任；代表国家政府参加国际金融组织，签订国际金融协定，参与国际金融事务与活动；为政府代理国库，向政府融通资金，代理政府债券的发行等。

3. 银行的银行是中央银行的基本职能之一，主要体现在中央银行从事业务的主要对象是商业银行和其他金融机构，而非一般的工商企业和个人；并且中央银行通过其资产负债业务对商业银行和其他金融机构的业务经营活动施以有效的影响，以充分发挥金融管理的职能。具体体现在以下三个方面：

（1）集中存款准备金。各国一般都通过法律作出规定，商业银行及有关金融机构必须要按存款的一定比例向中央银行缴存存款准备金，这形成中央银行的主要资金来源之一。只有商业银行及有关金融机构出现支付和清偿困难，并在中央银行认定的必要条件下，才允许动用存款准备金。中央银行集中存款准备金的另一个目的是为了调节信用规模和控制货币供应量。中央银行可以根据宏观调节的需要，变更、调整法定存款准备金的比率，影响货币乘数，改变商业银行及其他存款机构的信用创造能力，调控货币供应量。

（2）最后贷款人。商业银行发生资金困难而无法从其他银行或金融市场筹措资金时，可通过再贴现或再贷款的方式向中央银行融资。"最后贷款人"的角色确立了中央银行在金融体系中的主导地位：一方面，当商业银行或其他金融机构发生资金周转困难、出现支付危机时，中央银行为其提供全力支持，以防银行挤提风潮的扩大，维护社会金融秩序的稳定；另一方面，中央银行根据宏观经济政策和金融政策的需要，可以通过采取降低或提高再贴现率和再贷款利率的措施，调节商业银行的信用规模。

（3）组织全国的清算。各金融机构之间的清算通过对其在中央银行的存款账户进行转账、轧差，直接增减其存款金额便可完成。中央银行办理金融机构的同城票据交换和同城、异地的资金清算，具有安全、快捷、可靠的特点。这一方面加速了资金周转，减少了资金在结算中占用的时间和清算费用，提高了清算效率，解决了非集中清算带来的困难；另一方面，中央银行通过组织、参与和管理清算，能够对金融机构体系的业务经营进行全面及时的了解和把握，为中央银行加强金融监管和分析金融流量提供了条件。

4. 中央银行的清算业务主要有：

（1）组织票据交换与清算。工商企业、事业单位及消费者用票据进行债权债务清偿和支付时，要通过开户银行的转账结算系统实现资金收付。

各银行收到客户提交的票据后通过票据交换的方式将代收的票据交付款行。

（2）办理异地跨行清算。这是指办理不同区域、不同城市、不同银行之间的资金转移。如各行的异地汇兑形成各行间异地的债权债务，需要进行跨行、跨地区的资金划转。

（3）提供跨国支付清算服务。跨国清算是指对于国际贸易、国际投资及其他方面所发生的国际间债权债务，借助一定的结算工具和支付系统进行清算，实现资金跨国转移的行为。

（4）提供证券和金融衍生工具交易清算服务。由于证券和金融衍生工具交易的清算不同于其他经济活动所产生的债权债务清算，在许多发达国家，有专门为证券和金融衍生工具交易提供结算服务的支付系统。由于证券交易金额大，不确定因素多，易引发支付系统风险，尤其是政府证券交易直接关系到中央银行对公开市场的操作效果，所以中央银行对其格外关注。有些中央银行甚至直接参与其支付清算活动。

5. 与商业银行相比，中央银行负债业务有以下特点：

（1）其负债业务中的流通中货币是其独有的项目。这是由中央银行独享货币发行权所形成的垄断的负债业务。商业银行均无此项负债，并且与此相反，现金在商业银行的资产负债表中属于资产项目。

（2）其业务对象不同。虽然中央银行的负债业务也有存款，但其存款对象主要有两类：一类是政府和公共机构，另一类是商业银行等金融机构。不同于商业银行，以普通居民和企业为存款业务对象。

（3）其存款业务具有一定的强制性。不同于商业银行的存款自愿原则，法律要求商业银行必须在中央银行存有一定量的存款准备金，具有强制性。

第七章　货币供求与均衡

【综合自测题参考答案】

（一）判断题

1. × 　2. √ 　3. √ 　4. × 　5. × 　6. × 　7. √ 　8. × 　9. √ 　10. ×

11. × 12. √ 13. × 14. × 15. √

（二）单项选择题

1. B 2. D 3. C 4. C 5. B 6. A 7. D 8. B 9. A 10. B 11. A
12. B 13. D 14. B 15. B

（三）多项选择题

1. ABCD 2. ACD 3. AB 4. BC 5. ABCD 6. ABC 7. ACD 8. AD
9. AD 10. ABC 11. ABCD 12. ABD 13. ABCD 14. BC 15. ACD

（四）简答题

1.（1）现金交易说注重研究货币数量与物价之间的因果关系，认为货币数量增加必然导致货币价值下跌，物价水平上升；反之，货币价值上涨，物价水平下降。美国耶鲁大学教授欧文·费雪于 1911 年在《货币购买力》一书中提出交易方程式（也被称为费雪方程式）。假设以 M 表示一定时期内流通货币的平均数量，V 表示货币流通速度，P 表示同期内所交易的各类商品价格的平均数，T 表示同期各类商品的交易总量，则有：

$$MV = PT, \ 或 \ P = \frac{MV}{T}$$

该方程式的基本含义是，在商品经济条件下，在一定时期内，流通中的货币总量必然与流通中的商品交易总额相等。

（2）现金余额说是着眼于人们当作备用购买力（Ready Purchasing Power）所持有的现金余额来研究币值和物价波动的货币理论。它为英国剑桥大学教授、剑桥学派的创始人、著名的经济学家马歇尔所倡导，后经其弟子皮古（Arthur Cecil Pigou）、罗伯逊（D. H. Robertson）及早期的凯恩斯等人加以充实和发展。

剑桥学派从个人资产选择的角度分析货币需求的决定因素，假设货币需求同人们的财富或名义收入保持一定的比率。这一比率取决于持有货币的机会成本和人们对未来的预期等因素。

$M_d = KPy$，此即现金余额方程式的最一般形式。在方程式中，M_d 表示货币需求量，即现金余额，y 表示真实收入，P 表示一般物价水平，K 表示全部名义收入（Py）中几分之几是人们想要用货币形式来保持的，即以货币形式保持的比例。

由于剑桥学派的分析仍然是在充分就业的假设下进行的，即 y 在短期内不变。如果 K 也不变，则 P 将与 M 作同方向、同比例的变动。可见，剑桥学派得出的结论与现金交易说的结论是相同的。

两个方程式的差异主要有以下几点：

（1）对货币需求分析的侧重点不同。费雪方程式强调的是货币的交易手段功能，而剑桥方程式则重视货币作为一种资产的功能。

（2）费雪方程式把货币需求与支出流量联系在一起，重视货币支出的数量和速度，而剑桥方程式则是从用货币形式保有资产存量的角度考虑货币需求，重视这个存量占收入的比例。

（3）两个方程式所强调的货币需求的决定因素有所不同。费雪方程式用货币数量的变动来解释价格，反过来，在交易商品量给定和价格水平给定时，也能在既定的货币流通速度下得出一定的货币需求结论。而剑桥方程式则是从微观角度进行分析的产物。出于种种经济利益的考虑，人们对于保有货币有个满足程度的问题。保有货币就要付出代价，比如因不能带来收益而制约了货币需求的数量，即微观主体要在两相比较中决定货币需求。显然，剑桥方程式中的货币需求的决定因素多于费雪方程式，特别是，利率的作用已成为不容忽视的因素之一。

2. 凯恩斯的货币需求理论在论证投机性需求时设定：投资者通过对利率的预期，会在货币和债券之间选择能带来最大收益的资产。但是这样的设定与现实世界不符。假设社会财富只有货币和债券两种形式，在现实生活中，微观主体是既持有货币，又持有债券，变动的只是两者的比例。托宾模型从资产组合的角度出发，利用均值——方差分析法对投机需求作了进一步分析。在利率不确定的条件下，人们事实上并非只考虑收益，还要考虑风险；收益高低和风险大小也有很多层次。因而，人们会在收益与风险之间权衡，从而调整资产组合，由此就会引致货币需求的变动。这种分析解释了现实中人们的资产分散化行为。

3. 现金漏损率的大小直接取决于社会公众的意愿，间接地受到多方面经济条件的影响。主要因素有以下几点：

（1）公众可支配收入水平的高低。一般来讲，可支配收入越高，通货比率也越高；反之则越低。但实际经济生活中的交易更多的是以支票来完成的，尤其是大宗交易，因此，c' 与收入或财富的变化有时呈反相关。

（2）市场利率。市场利率可以说是社会公众手持现金的机会成本。故利率提高往往会吸引人们少持不生息的现金，多持生息的存款，从而使 c'

降低。然而，如果利率的提高和随之而来的定期存款或有价证券持有额的增多，主要不是伴以手持现金的减少，而是低利率甚至是无利率的活期存款的减少，则 c' 反而增大。

（3）银行业的安危。如果银行业前景更好，人们自会多持存款；反之，人们会纷纷从银行提现以求安全，可见 c' 的大小与银行业的安危呈反相关。

（4）公众对未来通货膨胀的预期。如果公众认为通货膨胀会加剧，则会提取更多的通货以抢购保值资产，从而避免购买力的损失，这时通货比率会增高。

（5）非法经济活动。在许多国家，有人为了逃税或从事非法交易，不敢用支票而用现金，从而使 c' 升高。此外，社会的支付习惯、银行业的发达程度、信用工具的多寡、社会和政治的稳定性以及其他金融资产收益率的变动都会影响通货比率的大小。

4. 影响商业银行持有超额存款准备金的因素主要有两个：

（1）从成本和收益动机方面考虑有两个因素。①保有超额准备金的机会成本的大小，即市场利率的高低。市场利率越高，银行愿意持有的超额准备金越少。②借入超额准备金成本的大小，这主要是指中央银行再贴现率的高低。再贴现率高意味着借入超额准备金的成本增大，在这种情况下，商业银行会留存较多的超额准备金以备不时之需；反之，若借入超额准备金的成本很小，则商业银行就没有必要留存过多的超额准备金。

（2）从经营风险和资产流动性来考虑。在竞争的情况下，商业银行是在充满风险的状态中经营的。因此，为应付难以预料的意外提现、支票结清时所发生的准备金头寸短缺或企业借款需求增加等都会使商业银行在风险和收益的双重权衡中，改变所留存的超额准备金的大小。这实际上是银行出于风险规避动机而考虑的。此外，整个经济的变化趋势、银行存款结构的变动、银行同业的成败等因素都会影响超额准备金的大小。

5. "流动性陷阱（Liquidity Trap）"是凯恩斯提出的一种假说，是指当一定时期的利率水平降低到不能再低时，或者说当有价证券市场价格不大可能再上升而只会跌落，人们就会产生利率上升而债券价格下降的预期，货币需求弹性就会变得无限大。即无论增加多少货币，人们都会储存起来。

在"流动性陷阱"下，货币投机需求无限，货币供给的增加不会使利率下降，从而也就不会增加投资引诱和有效需求，表现为流动偏好曲线或货币需求曲线的右端会变成水平线。此时采取扩张性政策，并不能降低利率，也不能增加收入，货币政策无效。

6. （1）货币乘数为 $\dfrac{1+c'}{r_d+c'+e+r_t t}$，它是指对于基于基础货币 B 的既定变动、货币供给的变动，该乘数是基础货币转化为货币供给的倍数。存款乘数为 $\dfrac{1+c'}{r_d+c'+e+r_t t}$，它是指银行体系的储备增加，从而使银行存款成倍数地扩张的倍数。存款乘数原理发生作用的前提有两个：银行不保留超额准备金，而且借款人得到贷款后，会把贷款全部存入银行。另外，不光是中央银行能使银行体系的储备增加，从而导致存款成倍地扩张，公众对持有通货的偏好也能影响银行的储备，从而影响银行存款。

（2）存款乘数与货币乘数的区别有：货币供给量 $M_1 = B \times M_1 = B \times \dfrac{1+c'}{r_d+c'+e+r_t t}$，它的基本含义为基础货币按照一定的货币乘数扩张，形成货币供应总量。当基础货币增加时，货币供应会相应地增加。银行存款的扩张 $\triangle D = \triangle R \times K = \triangle R \times \dfrac{1}{r_d+c'+e+r_t t}$，它的基本含义为银行按照一定的存款乘数派生存款，使银行存款数倍地增加。由这两个乘数可知，它们的区别在于其分析角度和着力说明的问题不同。货币乘数是从中央银行的角度进行的宏观分析，关注的是中央银行提供的基础货币与全社会货币供应量之间的倍数关系；而存款货币扩张倍数是从商业银行的角度进行的微观分析，主要揭示了银行体系是如何通过吸收原始存款、发放贷款和办理转账结算等信用活动创造出数倍的存款货币的。

（五）计算题

1. 存款乘数：

$$K = \frac{1}{r_d+c'+e+r_t t} = \frac{1}{15\%+20\%+2\%+10\%\times 10\%} = 2.631$$

2. （1）货币乘数：

$$m = \frac{1+c}{r_d+c'+e+r_t t} = \frac{1+25\%}{25\%+15\%+5\%+50\%\times 10\%} = 2.5$$

（2）基础货币 = 准备金 + 通货 = 400 + 100 = 500（亿元）

狭义货币量 M_1 = 基础货币 × 货币乘数 = 500 × 2.5 = 1 250（亿元）

3. （1）计算：

超额准备金率 = 400/8 000 = 0.05

现金比率（现金漏损率）= 2 000/8 000 = 0.25

货币乘数 =（1 + 0.25）/（0.25 + 0.1 + 0.05）= 3.125

法定准备金 = 8 000 × 0.1 = 800（亿元）

准备金 = 法定准备金 + 超额准备金 = 800 + 400 = 1 200（亿元）

基础货币 = 通货 + 准备金 = 2 000 + 1 200 = 3 200（亿元）

（2）计算：

货币乘数 =（1 + 0.25）/（0.25 + 0.08 + 0.05）= 3.289

货币供给量 = 3.289 × 3 200 = 10 524.8（亿元）

第八章　通货膨胀与通货紧缩

【综合自测题参考答案】

（一）判断题

1. ×　2. √　3. ×　4. ×　5. √　6. ×　7. √　8. √　9. ×　10. √
11. ×　12. ×　13. ×　14. ×　15. √　16. ×　17. ×　18. √　19. √
20. √

（二）单项选择题

1. A　2. B　3. B　4. D　5. C　6. D　7. B　8. C　9. B　10. C
11. D　12. C　13. C　14. A

（三）多项选择题

1. ABCD　2. ABCD　3. ABD　4. BD　5. ABCD　6. ABD　7. ACD
8. ACD　9. CD　10. CD　11. ABC　12. BCD　13. AD　14. ABC
15. ABD　16. ABCD

（四）简答题

1. 导致通货膨胀的因素一般有：

（1）需求拉上。需求拉上说认为经济生活中产生一般性物价上涨，其直接原因来自于货币因素即货币的过量发行，如政府采用了扩张性财政与货币政策，增加了货币供给量，导致了总需求膨胀。当货币需求大于商品供给时，膨胀性缺口就形成了，从而引起物价上涨，导致通货膨胀。

（2）成本推进。成本推进理论认为，存在两方面压力迫使生产成本上升：其一是实力强大的工会，他们强有力的活动迫使货币工资增长率超过劳动生产率的增长率；其二是垄断组织为追逐高额利润，通过制定垄断价格而人为地抬高价格。除了工资和利润两个因素以外，生产要素（原材料、中间产品等）也成为从供给方面引发通货膨胀的原因之一。

（3）供求混合推进。在通货膨胀过程中既有需求拉上，又有成本推进，即所谓的"拉中有推，推中有拉"。

（4）结构因素。结构失衡的核心思想是，在一个经济体的不同部门中，劳动生产率的增长率是不同的，而货币工资的增长率却是相同的。结构型通货膨胀理论的基本特征是强调结构因素对通货膨胀的影响。

2. 关于通货膨胀对社会经济产生的影响，可以从产出、收入与社会财富的再分配来分析。

（1）通货膨胀对产出与经济增长的影响主要有促进论、促退论和中性论三种观点。①促进论认为，温和的通货膨胀对经济增长具有一定的刺激作用。收入在政府与私人部门的再分配有利于经济增长；收入在工资和利润的再分配有利于经济增长；存在"货币幻觉"或通货膨胀未被充分预期；通货膨胀通过强制储蓄、扩大投资来实现增加就业和促进经济增长。②促退论认为，通货膨胀的消极作用主要包括以下几个方面：通货膨胀会降低储蓄、减少投资、造成外贸逆差，恶性通货膨胀会危及社会经济制度的稳定，甚至令其崩溃。③中性论认为，出现通货膨胀时，社会公众通过各种信息作出对未来的预期。根据这种预期，他们就会对物价上涨作出合理的行为调整，这种行为调整将会使通货膨胀造成的各种影响均被相互抵消掉。

（2）收入分配效应。通货膨胀使雇员吃亏，企业家得利；固定收入者吃亏，浮动收入者得利。此外，通货膨胀将债务的实际价值缩减，会使债务人得利，债权人吃亏；通货膨胀造成货币贬值，会使实际财富持有者得利，货币财富持有者受损。

3. 收入指数化是将工资、储蓄和债券的利息、租金、养老金、保险金和各种社会福利津贴等名义收入与消费物价指数紧密联系起来，使各种名义收入按物价指数滑动或根据物价指数对各种收入进行调整。弗里德曼认为收入指数化有两个功效：①能够抵消物价波动对收入的影响，消除通货膨胀所带来的收入不平等现象；②剥夺各级政府从通货膨胀中捞取的非法利益，从而杜绝人为制造通货膨胀的动机。但收入指数化政策也有其缺点，且不能完全消除通货膨胀。有否定意见认为：第一，收入指数化政策在实施过程中存在指数选择的困难，即对于应该选择哪一种指数作为制定政策的依据，很难形成统一意见；第二，收入指数化政策会加剧通货膨胀，引起工资—物价交替上升。

4. （1）紧缩政策包括紧缩的财政政策和货币政策。紧缩性的财政政策主要是通过增加税收、减少财政支出等手段来限制消费和投资，抑制社会的总需求。其主要手段是：①增加税收；②削减政府支出，平衡财政预算；③发行公债。紧缩性的货币政策的核心是降低货币供应量增长率，以抑制社会总需求。其主要手段是：①提高法定准备金率；②提高再贴现率；③卖出债券。

（2）物价与所得政策。这是指政府在通货膨胀期间用来限制货币所得水平和物价水平的经济政策。所得政策的主要内容是：①规定工资和物价水平增长率的标准，如规定工资增长率与劳动增长率保持一致；②工资—价格指导，通过各种形式的政府说服工作，使企业和工会自愿执行政府公布的工资—价格指导线；③工资—物价管理，即对工资和物价实行强制性冻结，如有违反，政府即予以处罚；④以纳税为基础的收入政策，即政府以税收作为奖励和惩罚的手段来限制工资—物价的增长。

（3）供给政策。其实施的主要目的是刺激生产和促进竞争，从而增加就业和社会的有效供给，平抑物价，抑制通货膨胀。其主要内容是：①放宽产业管制，政府放宽或取消对一些重要产业的各种约束和管制，刺激竞争，降低物价，从而抑制通货膨胀；②减税和改税；③严格控制货币供给，支持一切紧缩措施，使货币发行量与经济增长同步。

（4）收入指数化政策。收入指数化是将工资、储蓄和债券的利息、租金、养老金、保险金和各种社会福利津贴等名义收入与消费物价指数紧密联系起来，使各种名义收入按物价指数滑动或根据物价指数对各种收入进行调整。

（5）结构调整政策、反托拉斯和反垄断政策、人力政策等。

（6）改革货币制度。

5. （1）凯恩斯的通货紧缩理论。①凯恩斯认为，通货紧缩将使社会生产活动陷于低落，无论是通货膨胀还是通货紧缩，都会造成巨大的损

害 两者都会改变财富在不同阶级之间的分配。不过相比较而言，通货膨胀更为严重一些。两者对财富的生产也同样会产生影响，前者具有过度刺激的作用，而后者具有阻碍作用，在这一点上，通货紧缩更具危害性。②凯恩斯从资本主义经济运行层面切中如实地概括了社会"有效需求不足"的成因，进而在一定程度上科学地揭示了"大萧条"中通货紧缩的根本原因。

（2）克鲁格曼对通货紧缩的研究可以说是独树一帜。他的主要思想是：第一，当今世界上发生的通货紧缩不是由供给过剩造成，而是源于社会总需求的不足；第二，通货紧缩和物价下跌是市场价格机制强制实现经济均衡的一种必然，更是"流动性陷阱"作用的结果；第三，必须对适度通货膨胀政策的可行性进行研究，他主张用"有管理的通货膨胀政策"来解决通货紧缩。

6. 通货紧缩的社会经济效应主要有：

（1）甚至温和的或适度的通货紧缩也会对经济活动产生不利影响。

（2）通货紧缩往往伴随着证券市场的萎缩，使企业融资面临较大困难。

（3）通货紧缩将降低消费意愿，增加支出成本，导致资产组合管理发生剧烈的变化。

（4）通货紧缩会产生分配不公现象、恶化债务、提高信贷中介成本，使企业经营面临困难、银行不良贷款增加，导致银行体系崩溃，货币供给增长减缓，货币政策传导出现困难，进一步加剧通货紧缩。

（5）也使国际银行业更为脆弱，银行业的跨国渗透会在相当大的程度上受到制约，易陷入危机。

7. 通货膨胀的衡量指标主要有：消费物价指数、批发物价指数或生产者价格指数和国民生产总值平减指数等。

（1）消费物价指数（Consumer Price Index）是根据家庭消费中具有代表性的商品和劳务的价格变动状况而编制的物价指数。该指数在很大程度上反映了商品和劳务价格变动对居民生活消费的影响。其优点在于消费品的价格变动能及时反映消费品市场的供求状况，资料容易搜集，公布次数较为频繁。其局限性在于消费品只是社会最终产品的一部分，包含范围比较窄，公共部门消费、生产资料和资本、进出口商品和劳务的价格均不包括在内。

（2）批发物价指数（Wholesale Price Index）是以大宗批发交易为对象，根据产品和原料的批发价格编制而成的指数。其优点是能在最终产品价格以前获得工业投入品及非零售消费品的价格变动信号，从而能较灵敏地反映企业生产成本的升降，并能进一步判断其对最终进入流通的零售商业价格变动可能带来的影响。其缺点是不能反映劳务费用的变动情况。

（3）生产者价格指数（Producer Price Index）是根据企业所购买的商品的价格变化状况编制而成的指数。它反映包括原材料、中间品及最终产品在内的各种商品批发价格的变化。因企业生产经营过程中所面临的物价波动将反映至最终产品的价格上，故观察 PPI 的变动情形将有助于预测未来物价（CPI）的变化状况。

（4）国民生产总值平减指数（Gross Nation Product Deflator）是指按当年价格计算的国民生产总值与按固定价格计算的国民生产总值的比率。其优点是包括范围广，既包括商品也包括劳务；既包括生产资料，也包括消费资料，因此能全面地反映一般物价水平的趋向。但编制这种指数的资料难以搜集，在一些国民所得统计制度不发达的国家，这一指数无法进行编制，而能编制的只是国内生产总值物价平减指数。

第九章　货币政策

【综合自测题参考答案】

（一）判断题

1. × 2. √ 3. √ 4. × 5. × 6. √ 7. √ 8. × 9. √ 10. √
11. × 12. × 13. × 14. √ 15. × 16. √

（二）单项选择题

1. A 2. A 3. D 4. D 5. D 6. A 7. A 8. D 9. B 10. A 11. D
12. B 13. B

（三）多项选择题

1. ACD 2. AB 3. ABCD 4. AD 5. ABCD 6. AD 7. ABD
8. ABC 9. ACD 10. AC

（四）简答题

1. 货币政策具有以下几个基本特征：货币政策是宏观经济政策；货币政策是调整社会总需求的政策；货币政策是以间接调控为主的政策。

货币政策的作用是：通过调控货币供应总量保持社会总供给与总需求的平衡；通过调控利率和货币总量控制通货膨胀，以保持物价的稳定；调节国民收入中消费与储蓄的比例；引导储蓄向投资的转化并实现资源的优化配置；调整一国的国际收支失衡，促进内外均衡。

2. 选择最终目标的基本原则是抓主要矛盾，即把社会经济运行中最突出的问题列为首要目标，具体选择方法主要有两个。①根据"相机抉择"进行选择。在调节经济时，对究竟采取哪种货币政策，牺牲哪个目标换取哪个目标，以及不同政策之间怎样搭配，不应采取一成不变的模式，应当机动地决定和选择。②根据"临界点原理"进行选择。临界点原理实质上是要求货币政策把各种不良经济现象的程度控制在可以接受的范围之内。

3. 商业银行或其他金融机构以贴现所获得的未到期票据向中央银行所作的票据转让，称为再贴现。它是商业银行获取资金的一种融资方式。

再贴现政策有其优点。就调整再贴现率而言，其作用主要有两个：一是影响商业银行或其他金融机构向中央银行借款的成本，借以影响商业银行的准备金的数量，从而调节社会资金供求；二是产生告示的效果，以影响商业银行和其他金融机构及大众的预期。另外，再贴现政策对调整信贷结构有一定的效果。其方法主要有两种：一是中央银行可以规定并及时调整可用于再贴现票据的种类，从而影响商业银行的资金运用方向；二是对再贴现的票据进行分类，实行差别再贴现率，从而使货币供给结构与中央银行的政策意图相符。

再贴现政策亦有其缺点。①在实施再贴现政策过程中，中央银行处于被动等待的地位。商业银行或其他金融机构是否愿意到中央银行申请再贴现或借款，完全由商业银行及其他金融机构自己来决定。②该工具的灵活性较小。再贴现率的频繁调整会引起市场利率的经常波动，使大众和商业银行无所适从。若再贴现率不经常调整又不宜于中央银行灵活地调节市场货币供应量。因此，这一工具本身有被动、缺乏灵活性的特点。

4. 货币政策的中间目标是指货币政策在执行过程中在短期内所能达到的目标，它是货币政策对宏观经济运行产生预期影响的连接点和传送点，它是货币当局或中央银行能够直接控制作为货币政策控制变量的金融指标，同时央行还可以利用中间目标来观察货币政策实施的即期效果。

要使中央银行的货币政策中间指标有效地反映货币政策的效果，中央银行所选用的中间指标必须满足四个条件。一是可测性。这个条件的含义有两个：一方面体现为选取的中间目标必须有明确的定义，方便对其进行观察和分析，另一方面体现为中央银行可以迅速获取其相关数据，从而便于进行定量分析。二是可控性。即该目标要对货币政策工具反应灵敏。三是相关性。即中间目标与最终目标应该有密切的、稳定的和统计数量上的联系。四是抗干扰性。中央银行在运用货币工具的时候常常会受到非政策性因素的干扰，所选择的货币政策的中间目标最好能不受到非政策性因素的干扰而只反映货币政策因素的影响。理想的货币政策中间指标应当是资料能被迅速收集、对政策工具反应敏锐、与最终目标有明确的统计相关并能将政策性和非政策性效果明确区分。

5.（1）法定存款准备金率的调整有较强的告示效应。法定存款准备金比率升降是中央银行货币政策的指示器，中央银行调整准备金率是公开的、家喻户晓的行动，并立即影响各商业银行的准备金头寸。

（2）法定存款准备金率的调整有强制性，一经公布，任何存款性金融机构都必须执行。

（3）法定存款准备金率的调整对货币供应量有显著的影响效果。按货币供给理论，货币乘数是中央银行法定存款准备金比率的倒数，所以，在商业银行及其他金融机构没有超额准备金的情况下，法定存款准备金比率的小幅升降都可能会导致货币供应量的巨额变动。

（4）法定存款准备金率的调整缺乏应有的灵活性。正因为该货币政策工具有较强的告示效应和影响效果，它不能作为一项日常的调节工具供中央银行频繁地加以运用。所以，中央银行并不经常运用此工具，只有当中央银行打算大规模地调整货币供给，并且尽可能少地扰乱政府的有价证券市场时，改变法定存款准备金率才是较为理想的方法。

6.（1）货币政策时滞。货币政策时滞是指从需要采取货币政策行动的情况出现开始，经过制定政策过程，直至政策部分乃至全部发挥效力的时间间隔。货币政策时滞主要分为内部时滞和外部时滞两个部分。

（2）货币流通速度。由于货币流通速度与作为主要的货币政策中间变量的货币供应量具有明显的相关关系，则当央行希望通过变动货币供给量来影响货币政策最终目标的时候，就不能忽视货币流通速度的存在。

（3）理性预期。理性预期是指人们根据充分掌握的信息而做出预测和决策，而这种理性预期的存在可能使货币政策的效果大打折扣。理性预期的存在会削弱货币政策实施的效果。

（4）政治因素。政治因素对货币政策效果的影响是很大的，货币政策的实施对于不同的利益集团、不同的企业、不同的阶层都有着不同的影响。官僚为了实现政治目的，可能会对货币政策的实施进行干预，使货币政策的方向不是基于现实经济调节的需要，而是出于某一集团利益的需要。

（5）金融创新。总的来说，金融创新削弱了货币政策的效力。①金融创新对货币政策的最大困扰，莫过于使货币的定义与计量变得困难和复杂，以及使得货币总量变化及其含义越来越不明朗。②金融创新使货币政策工具部分失灵，使传统的货币政策效力大打折扣。

（6）透明度和取信于公众问题。货币政策决策的透明度，对政策效应的发挥至关重要。从方针政策和决策准则来看，决策者和广大公众之间要保持高度沟通。如果决策过程不透明，就难以树立公众对货币当局的信任，这样不能诱导公众预期，造成政策的压力。

（7）客观经济条件变化的影响。一项既定的货币政策出台后总要持续一段时间，在这段时间内，如果生产和流通领域出现某些始料不及的情况，而货币政策又难以作出相应的调整时，就可能出现货币政策效果下降甚至失效的情况。

第十章　金融危机与金融监管

【综合自测题参考答案】

（一）判断题

1. √　2. √　3. ×　4. √　5. ×

（二）单项选择题

1. D　2. C　3. A　4. B　5. A　6. D　7. A　8. B　9. D　10. D

（三）多项选择题

1. ABCDE　2. CDE　3. ABCD　4. ABC　5. CE　6. ABCDE　7. BDE

8. ABCDE　9. ABCDE　10. CD

（四）简答题

1. 一般而言，金融风险具有以下特征：

（1）特殊性。金融风险作为风险的一种特例，拥有相对较窄的外延，只存在和发生于特定的金融领域，即仅限于资金的融通与经营领域。

（2）广泛性。金融是经济的核心，每个经济主体都离不开金融活动，金融联系经济的各个层面，金融风险也随之形成，并具有丰富的内涵。

（3）双重性。金融风险对资金筹集者和资金经营者的影响是双重的，既有蒙受经济损失的可能，又有获得超额利润（或收益）的可能。

（4）可传递性。现代金融业的发展使得一个国家内部各个金融机构紧密相连，互为依存。此外，金融创新推动了金融自由化和国际化，使得本国金融机构与外国金融机构之间、国内金融市场与国际金融市场之间的相互依赖性大大增加，金融体系中出现的任何差错，都会影响整个金融体系的稳定。

（5）可控制性。尽管金融风险不可能完全避免，但金融风险对金融机构和社会的巨大破坏力是可以控制和防范的。

2. 虽然世界各国防范和应对金融危机的对策不完全一样，但基本上都包括以下几方面内容：

（1）建立防范金融危机的预警系统。金融危机预警是指对宏观经济金融领域未来可能出现的危险或危机提前发出警报的一种经济活动，目的在于尽量减小或避免巨额经济损失。其系统是指运用某种统计方法预测某经济体在一定时间范围内发生货币危机、银行危机以及股市崩溃的可能性大小的宏观金融监测系统。

（2）利用各种金融创新手段防范金融风险。金融危机的产生及其在国际上的传导，主要是由于各国存在金融风险。要降低金融风险，一般有两种方式：分散风险和转移风险。但是应该注意到的是，金融创新手段在某种程度上是一把"双刃剑"，如果应用不当，会使金融风险的防范效应适得其反。

（3）建立市场化的金融体系，抵御金融危机的侵袭。一国只有建立起充分市场化的、高效率的、稳健运行的金融体系，才能真正保证本国经济运行不受或少受国际性金融危机的干扰。

3. 20世纪80年代以来的金融国际化趋势，使得跨国银行和国际资本的规模及活动日益扩大，呈现纵横交错、无所不及的格局。随之而来的是，银行业风险的国际扩散威胁着各国的金融稳定。然而，对跨国银行的国际业务的监管，单单依靠母国管理当局实难完全奏效。因此，大力推动金融监管的国际合作，制定国际统一的银行监管标准，加强银行风险管理，成为迫切需要。1987年12月，国际清算银行召开中央银行行长会议并通过《巴塞尔协议》，协议内容主要包括：

（1）资本的分类及构成。银行的资本组成应分为核心资本和附属资本两部分，两部分之间应保持一定的比例。一家银行的核心资本主要由其实收资本和公开储备组成。实收资本包括已发行和缴足的普通股和永久非累积性优先股。这些核心资本应占整个资本的一半，作为资本基础的第一档。附属资本作为资本基础的第二档，其规模不能超过核心资本。

（2）风险加权的计算。协议定出对资产负债表内各种资产和各项表外科目的风险度量标准，并将资本与加权计算出的风险挂钩，以评估银行资本所应具有的适当规模。

（3）标准比率的目标。协议要求银行经过5年过渡期后逐步建立和调整所需的资本基础。到1992年底，银行资本对风险加权资产的标准比率目标为8%，其中核心资本至少为4%。

4. 金融危机与资本的跨国流动有着直接关系。在经济高速增长且有良好预期的情况下，投资以及信贷行为高度活跃是十分正常的。如果经济活动是健康的，投资可以依赖于生产增加得到回报，跨国的资金流动不致酿成灾难性的金融危机。从东南亚、日本、美国的经历来看，金融危机的直接导因是银行的不良贷款过高，而不良贷款比例过高则是由于泡沫经济的破灭和产业发展政策的失误所致。

经济的泡沫状态是指一种或几种资产的价格持续上涨，并以继续涨价的预期吸引人们专门从事这些资产的买卖活动以谋利，而对这些资产使用本身毫不关心。泡沫经济可分为房地产泡沫和股市泡沫。

而所谓泡沫经济，也称资产价格膨胀、股票价格膨胀，是指资产的现实价格在短时期内脱离物质生产实际状况而迅速飙升，与其资产的基础价值之间产生极大的偏差。过高的资产现实价格以突发的形式骤然回归到真实的基础价值上来时，就是泡沫经济的破灭。

泡沫经济的形成有政府政策和体制性因素的影响，也有市场性因素的作用。在超量的货币供给或过度的金融缓和条件下，大众广泛参与某一商品或资产的短期"炒作"，必然使这些商品或资产的价格过度上升，金融机构资金大量流回投机市场，从而埋下金融风险的隐患。一旦某个偶然的因素挑破了"泡沫"，股票、房地产等炒作标的资产价格突然下跌时，金融风险就转化为金融危机了。

5. 金融监管的主体主要是金融监管当局。金融监管当局是依法对金融业实施监督与管理的政府机构。金融监管是政府行为，其目的是维护公众对金融体系的信心，控制金融体系风险，提升金融系统运作效率，为国民经济和社会发展创造一个稳定的金融环境。金融监管当局是政府的组织机构体系的构成部分，具有权威性、独立性和公共性的特征。金融监管机构是政府公共管理部门的一部分，它代表社会公众的利益，并以促进经济发展和社会稳定、维护国家的经济安全和金融稳定为责任。

金融监管的客体即金融监管对象，也称为被监管者，是专门从事金融业经营和投资经济活动的企业、组织、单位和个人，包括金融机构、工商企业、基金组织、投资者和金融活动的关系人等。对金融监管对象的划分有不同的标准，从监管的行业来划分可分为：

（1）银行业监管对象。银行业监管对象是从事商业银行业务的金融机构，不管其称谓如何，凡是吸收存款、发放贷款，办理资金清算、信托投资、财务管理，参与货币市场融资交易活动等的机构都属于银行业的监管对象。

（2）证券、期货业监管对象。证券业监管的对象是从事证券融资和交易活动的企业、机构和个人，期货业监管的对象是从事期货投资交易活动的企业、机构和个人。另外，提供证券和期货交易场所的组织机构也是重要的监管对象。

（3）保险业监管对象。保险业监管的对象是从事保险经营和投资保险的企业、机构和个人，主要包括保险公司、人寿保险基金等。

6. 金融监管当局进行金融监管的总体目标是，通过对金融业的监管，维持一个稳定、健全、高效的金融制度。这是由金融业在社会经济中举足轻重的地位和作用所决定的。具体来讲，金融监管的目标可以分为以下几个层次：①维护金融体系的安全与稳定；②维护存款人和公众的利益；③保证金融机构竞争的有效与公平；④保证中央银行货币政策的顺利实施。

为了实现金融监管的多元化目标，在金融监管的立法和实践活动中，一般需要遵循以下几点基本原则：

（1）依法管理原则。金融法规的完善与依法管理是金融监督有效实施的基本前提。只要有法可依、有法必依，有关各方权利和义务的确定就会有明确的法律依据，这样才能确保金融监管的权威性、严肃性、强制性和一贯性，从而确保金融监管的有效性。

（2）外部监管与内部自律相结合原则。金融监管当局的依法监管是金融业健康稳定发展的外部保证，而金融业的内部自律则是金融业安全运行的内在保证。相比之下，金融市场的各个主体以及金融业从业人员的自我约束、自我管理和自我教育是根本，也是内因。

（3）适度竞争原则。竞争是市场经济的基本规律，是市场机制发挥作用的前提条件。但过度竞争必然会带有破坏性，只有适度竞争才能真正提高效率，而不至于造成市场的混乱。

（4）社会经济效益原则。与微观主体追求自身经济效益最大化不同的是，金融监管追求的是社会经济效益的最大化。

此外，金融监管还应坚持综合监管原则和机构一元化原则。前者是指应将行政、经济、法律等管理手段配套使用，后者则是指行使金融监督管理职能的各级机构应该一元化，避免多元化。

模拟试题（一）

一、名词解释

1. 货币本位制度，简称币制，是一个国家以法律形式确定的该国货币流通的结构、体系和组织形式。

2. 金融风险是指在一定条件下和一定时期内，由于金融市场中各种经济变量的不确定性造成实际结果偏离其期望结果，从而导致行为主体遭受损失的可能性。

3. 商业银行是依法接受活期存款并主要为工商企业和其他客户提供贷款以及从事短期投资的金融中介。

4. 中央银行是由政府出面组织或授权赋予，旨在集中管理货币储备并统一铸造和发行货币的银行，它是国家级别最高的、最具有权威的金融机构。

5. 货币乘数也被称为货币扩张乘数，是指基础货币转化为货币供给的倍数。主要由现金漏损率和存款准备金率决定。

二、判断题

1. √ 2. × 3. √ 4. √ 5. × 6. √ 7. √ 8. × 9. √ 10. √
11. × 12. × 13. √ 14. × 15. × 16. × 17. × 18. ×
19. × 20. ×

三、单项选择题

1. D 2. D 3. A 4. C 5. A 6. D 7. D 8. C 9. B
10. C 11. C 12. B 13. A 14. B 15. D 16. C 17. A
18. D 19. A 20. D

四、填空题

1. 受托人 2. 赊销 预付 3. 英国 德国 4. 美国 英国 5. 偿
还性 时间性 报酬性

五、简答题

1. 答：第一，金属本位币的名义价值与实际价值相等。第二，金属本位币可以自由铸造、自由熔化和自由输出输入。第三，金属本位币具有无限法偿能力。

2. 答：第一，银行信用的规模巨大，其规模不受金融机构自有资本多少的限制。银行信用的规模可超出金融机构现有的资本存量，从而克服了商业信用在规模和数量上的局限性。第二，银行信用是以货币形式提供的信用，因此银行等金融机构可以把货币资本提供给任何一个有需要的企业和部门，这就克服了商业信用在方向上的限制。第三，银行信用的主要工具是银行券，正是因为银行家的信用要远远大于工商企业，才使得这种票据能代替商业票据；且随着银行业务的发展，它已被更广泛地运用于各种其他贷款业务之中，从而使银行信用被更普遍地接受。

3. 答：第一，发行的银行，是指国家赋予中央银行集中和垄断货币发行的特权，中央银行是国家唯一的货币发行机构。第二，银行的银行，是指中央银行的业务对象不是一般企业和个人，而是商业银行和其他金融机构及特定的政府部门，中央银行为商业银行和其他金融机构提供支持、服务的同时也是它们的管理者。第三，政府的银行，是指中央银行根据法律授权制定和实施货币政策，对金融业实施监督管理，负有保持货币币值稳定和保障金融业稳健运行的责任。

4. 答：第一，特殊性。金融风险作为风险的一种特例，拥有相对较窄的外延，只存在和发生于特定的金融领域，即仅限于资金的融通与经营领域。第二，广泛性。金融是经济的核心，每个经济主体都离不开金融活动，金融联系经济的各个层面，金融风险也随之形成，并具有丰富的内涵。第三，双重性。金融风险对资金筹集者和资金经营者的影响是双重的，既有蒙受经济损失的可能，又有获得超额利润（或收益）的可能。第四，可传递性。现代金融业的发展使得一个国家内部的各家金融机构紧密相连，金融体系中出现的任何差错都会涉及整个金融体系的稳定性，这就是所谓的"伙伴风险"。第五，可控制性。尽管金融风险不可能完全避免，但金融风险对金融机构和社会的巨大破坏力是可以控制和防范的。

5. 答：货币政策的特征是，第一，它是宏观经济政策；第二，它是调整社会总需求的政策；第三，它是以间接调控为主的政策。

货币政策的作用是：第一，通过调控货币供应总量保持社会总供给与总需求的平衡；第二，通过调控利率和货币总量控制通货膨胀与通货紧缩，从而保持物价的稳定；第三，调节国民收入中消费与储蓄的比例；第四，引导储蓄向投资转化并实现资源的优化配置；第五，调整一国的国际收支失衡，促进内外均衡。

六、论述题（答案要点）

答：在马克思的利率理论中，决定和影响利率的因素主要有：

第一，平均利润率。利息是平均利润的一部分，因此，平均利润率是决定利息率的基本因素。马克思提出利率只能在平均利润率和零之间变动。第二，供求和竞争。在利润率一定的情况下，借贷资本家和职能资本家之间的竞争决定着利息率的高低。借贷资本的供给大于需求，利率下降，借者可以支付较少的利息；借贷资本的需求大于供给，利率上升，贷者可以占有更多的利润。第三，社会再生产状况。社会再生产状况决定着借贷资本的供求，因而是影响利息的决定性因素。在资本主义产业周期四个阶段"危机、萧条、复苏、繁荣"中，货币资本的供求状况对利息率的变化起到一定作用。

决定和影响利率变化的上述三个基本因素在现代经济中依然适用。在现代经济中，利率的决定因素要更为复杂，除了上述因素外，还有下列因素在其中起作用。一是物价水平。在现代纸币流通的条件下，利率与物价有着非常密切的联系，物价变动必然影响利率变动，利率与物价具有同向变动的趋势。二是国家经济政策。在现代经济中，利息率成为国家调节经济活动的重要经济杠杆，因而利息率不能不受国家经济政策的影响，国家经济政策成为影响利息率的一个重要因素。三是国际利率水平。世界各国之间的经济联系越来越密切，商品、技术、资金越来越多地在世界范围内流动，国际利率水平对国内利率的影响也越来越大。此外，在一国的经济非常时期或在经济不发达的国家中，利率管制也是直接影响利率水平的重要因素。另外，国际协议、国家习惯和法律传统等都可能影响利率。

模拟试题（二）

一、单项选择题

1. A　2. B　3. C　4. D　5. A　6. D　7. C　8. C　9. C　10. D　11. A　12. D　13. B　14. C　15. B　16. A　17. D　18. A　19. D　20. D

二．判断题

1. ×　2. ×　3. √　4. √　5. ×　6. √　7. √　8. ×　9. √　10. √　11. √　12. ×　13. √　14. ×　15. √　16. √　17. ×　18. ×　19. ×　20. ×

三、计算题

答：当期收益率＝票面利息／市价×100% ＝50／9 500×100% ＝5. 26%

平均收益率＝（年票面利息＋年均资本损益）／市场价格×100%

＝（50＋500／10）／9 500×100%

＝1. 05%

四、简答题

1. 答：商业银行的业务一般可分为负债业务、资产业务和表外业务三大类。

（1）商业银行的负债业务。负债业务是形成商业银行资金来源的主要业务，主要包括自有资本和吸收外来资金两大部分。

①商业银行自有资本。主要包括商业银行成立时发行股票所筹集的股份资本、公积金以及未分配的利润。具体来说，银行资本主要包括：股本、盈余、债务资本和其他资金来源。

②各类存款。按照传统的存款划分方法，存款主要有三种，即活期存款、定期存款和储蓄存款。

③商业银行的借款业务。主要包括向中央银行借款、同业借款、发行金融债券、向国际金融市场借款等。

（2）商业银行的资产业务。资产业务是商业银行资金运用的业务，主要包括现金资产、贷款和投资。

①现金资产。主要用来满足客户提现和转账结算的需要，主要包括库存现金、交存中央银行的存款准备金、存放同业及托收未达款等。

②商业银行的贷款业务。

③商业银行的投资业务。主要是指商业银行以其资金在金融市场上购买各种有价证券的业务。商业银行投资业务的对象有国库券、中长期国债、政府机构债券、市政债券或地方政府债券等。

（3）商业银行的表外业务。表外业务是指不构成商业银行表内资产、表内负债，但形成银行非利息收入的业务，有狭义和广义之分。

①狭义表外业务。即指那些未列入资产负债表，但同表内资产业务和负债业务关系密切，并在一定条件下会转为表内资产业务和负债业务的经营活动。主要包括担保业务、承诺业务、金融衍生工具交易类业务、投资银行类业务。

②广义表外业务。包括狭义表外业务和金融服务类业务，即结算、代理、信托、咨询等无风险经营活动。

2. 答：中央银行有发行的银行、银行的银行、政府的银行三大职能。

（1）中央银行是发行的银行。这是指国家赋予中央银行集中和垄断货币发行的特权，中央银行是国家唯一的货币发行机构。

（2）中央银行是银行的银行。这是指中央银行的业务对象是商业银行和其他金融机构及特定的政府部门。具体表现在三个方面：①集中存款准备金。各国一般都通过法律作出规定，商业银行及有关金融机构必须要按存款的一定比例向中央银行缴存存款准备金；②充当商业银行等金融机构的"最后贷款人"；③组织、参与和管理全国的清算。

（3）中央银行是政府的银行。这是指中央银行根据法律授权制定和实施货币政策，对金融业实施监督管理，负有保持货币币值稳定和保障金融业稳健运行的责任，并为政府提供各种金融服务。具体有：代理国库、代理政府债券的发行、为政府融通资金、为国家持有和经营管理国际储备、代表国家政府参加国际金融组织和各项国际金融活动、制定和实施货币政策、对金融业实施金融监督管理、为政府提供经济金融信息和决策建议。

3. 答：金融市场主要具有以下功能：

第一，聚集和分配资金的功能。在金融市场中，各类市场主体通过直接和间接的融资方式，以金融市场为媒介，减少了信息不对称的情况，节约了交易成本，使资金流向最需要的地方，从而实现资金的合理配置。

第二，价格确定功能。金融工具在交易中的价格是金融市场上的金融工具持有者与投资者买与卖这两种行为相互作用的结果。这种定价是否合理、是否能引导资源有效配置与市场的完善程度和效率有关。

第三，资金期限转换功能。金融市场通过股票、长期债券等长期投资工具可以将公众手中的短期资金转化为长期资金；同时，也可以通过在二级市场上将长期证券出售，将之转化为现金或短期证券等高流动性的资金。这样既可以满足人们的流动性要求，又可以为生产发展提供足够的资金。

第四，分散与转移风险功能。由于金融市场中有各种在收益、风险及流动性方面存在差异的金融工具可供选择，投资者很容易就可以采用各种证券组合的方式来分散非系统性风险，从而提高投资的安全性和盈利性。同时，金融市场为长期资金提供了流动的机会，为投资者和筹资者进行对冲交易、期货交易、套期保值提供了便利，使他们可以利用金融市场来转移和规避系统性风险。

第五，信息聚集功能。金融市场是一个经济信息集聚中心，是一国金融形势的"晴雨表"。首先，金融市场能够为资金供求双方提供信息。其次，金融市场为企业提供信息。公众对各产业、各行业的发展前景的预期可以从证券市场行情的涨跌中略见一斑。再次，金融市场交易能直接或间接地反映出国家货币供应量的变动趋势。

在现代市场经济体系中，金融市场作为其中一个不可或缺的重要组成部分，以它不同于其他市场的独特功能，不仅充当了经济运行的润滑剂，而且还成了控制、调节和促进经济发展的有效机制，在整个经济生活中起着其他市场不能替代的作用。所以，各国都要大力发展金融市场。

五、分析论述题（答案要点）

答：一般来说，物价水平持续不断地上涨是通货膨胀的主要表现，从材料中可以看到各种商品都在涨价。导致物价水平不断上涨的原因一般有需求过大、成本推进、供求混合推进、结构失衡等因素。材料中的大宗农产品价格上涨直接导致下游产业链产品的价格上涨，反映了成本推进因素在价格上涨中所起的作用。

通货膨胀发生后，常会出现产出减少效应，还会产生不公平的收入再分配效应，比如雇员吃亏，企业家得利；固定收入者吃亏，浮动收入者得利等。材料中主要反映的是后一种效应。与居民生活密切相关的是消费品，如果收入增加的速度赶不上价格上涨的速度，居民的生活水平就会降低，严重的会引起社会的不安定。

因此，各国政府都力求能防治通货膨胀。对于通货膨胀，通常可供选择的防治措施有：①紧缩政策，包括紧缩的财政政策和货币政策；②物价与收入政策；③供给政策；④收入指数化政策；⑤其他政策，包括结构调整政策、反托拉斯和反垄断政策、人力政策；⑥改革货币制度。针对材料中反映的通货膨胀，比较适合使用的政策是前五种，但亦需根据通货膨胀产生的具体原因去构思具体的措施。